Stuttgarter Kleiner Kommentar
– Neues Testament 11 –

Stuttgarter Kleiner Kommentar
– Neues Testament 11 –

Herausgegeben von
Paul-Gerhard Müller

Bernhard Mayer

Philipperbrief
Philemonbrief

Verlag Katholisches Bibelwerk GmbH, Stuttgart

Die Deutsche Bibliothek – CIP-Einheitsaufnahme

Stuttgarter Kleiner Kommentar. –
Stuttgart: Verlag Katholisches Bibelwerk
Abt. teilw. hrsg. von Gabriele Miller und Alfons Musterle
Neues Testament / hrsg. von Paul-Gerhard Müller.
NE: Müller, Paul-Gerhard [Hrsg.]; Miller, Gabriele [Hrsg.]

[N.F.], 11. Mayer, Bernhard: Philipperbrief, Philemonbrief. –
2. Auflage – 1992

Mayer, Bernhard:
Philipperbrief, Philemonbrief / Bernhard Mayer. – 2. Aufl. –
Stuttgart: Verlag Katholisches Bibelwerk, 1992
(Stuttgarter Kleiner Kommentar:
Neues Testament; [N.F.], 11)
ISBN 3-460-15411-x

ISBN 3-460-15411-x
Mit kirchlicher Druckerlaubnis

Druck: Wilhelm Röck, Weinsberg

Inhaltsverzeichnis

DER PHILEMONBRIEF

VERZEICHNIS DER EXKURSE

Der Philipperbrief

ERSTER TEIL

Einleitung

1. Die Stadt Philippi und ihre erste Christengemeinde

»Eine Gottheit ließ mich sterben auf berühmtem Boden, einer Gründung des Philipp und des Kaisers Augustus, gutbekränzt mit Mauern ...« (Übersetzung nach *W. Elliger*, Paulus in Griechenland, Stuttgart 1978, S. 32).

Diese wenigen Zeilen auf dem Grabstein eines Fremden, den in Philippi der Tod ereilte, weisen uns bereits auf die Höhepunkte der Geschichte der Stadt Philippi hin. Schon in sehr früher Zeit siedelten Menschen in der von Gebirgen umsäumten ostmazedonischen Ebene, die der Gangitesfluß durchzieht. Der bequeme Zugang zum Meer, der reichhaltige Baumbestand und die Gold- und Silbergruben des Pangaiongebirges boten dazu genügend Anreiz. Die eigentliche Gründung Philippis jedoch fällt mit der Eroberung der kleinen griechischen Kolonie Krenides durch Philipp II., König von Mazedonien, zusammen (um das Jahr 356 v. Chr.). Er befestigte den Ort und gab ihm seinen eigenen Namen. Die Blütezeit von Philippi war aber nur von kurzer Dauer, bald sank es wieder in die Bedeutungslosigkeit zurück. Erst dreihundert Jahre später, als in seiner Nähe der Kampf zwischen Antonius und Octavian auf der einen Seite und den Cäsarmördern, Cassius und Brutus, auf der anderen Seite tobte und dieser zugunsten der ersteren entschieden wurde, war auch für Philippi erneut eine Schicksalsstunde gekommen. Es wurde römische Kolonie. Den Siegern war seine überaus günstige Lage nicht entgangen. Zudem bot sich damit eine willkommene Gelegenheit zur Versorgung entlassener Legionssoldaten. »So bewährte sich auch in Philippi die von den Römern ... geübte Praxis, bei der Gründung von Kolonien die Lösung aktueller Gegenwartsprobleme, hier die Versorgung der Veteranen, mit weitsichtigen Maßnahmen, hier die Sicherung eines strategisch und wirtschaftlich wichtigen Gebiets, zu verbinden« (*W. Elliger*, a.a.O., S. 42). Die römischen Siedler erhielten noch einmal starken Zuwachs, als nach der Schlacht bei Actium (31 v. Chr.) der Sieger Octavian Parteigänger seines Rivalen Antonius enteignete und nach Mazedonien aussiedelte. Octavian fühlte sich als Neugründer der Stadt Philippi. Er änderte ihren Namen in Colonia Augusta Julia Philippensis. So war Philippi im Laufe der Zeit eine römische Veteranen- und Bürgerkolonie geworden, ausgestattet mit städtischer Selbstverwaltung, befreit von Tributen und Besteuerungen und im Besitz des ius Italicum, das ihr die gleichen Rechte zugestand wie den Bürgern einer italienischen Stadt.

Das religiöse Leben Philippis war geprägt vom Nebeneinander vielfältiger Kulte. Man erwies nicht nur den römischen Göttern Verehrung. Auch die alten italienischen Land- und Fruchtbarkeitsgötter und die ursprünglichen Götter Thrakiens wurden verehrt, wobei alle möglichen Vermischungen und Identifikationen vollzogen wurden. Auch ägyptischen Gottheiten errichtete man Tempel. Ebenso wird der Kaiserkult eine große Rolle gespielt haben (zum ganzen vgl. *W. Elliger*, a.a.O., S. 23–77).

In diese Stadt mit durchwegs römisch geprägtem Wesen und vielfältigsten religiösen Kulten kam der Apostel Paulus auf seiner zweiten Missionsreise etwa um das Jahr 49 zusammen mit seinen Gefährten Silas und Timotheus und gründete die dortige Christengemeinde (vgl. Apg 16,11–40). In der Erzählung der Apostelgeschichte hierzu haben sich einige interessante geschichtliche Einzelheiten erhalten. Wenn die jüdische Gebetsstätte, die Paulus und seine Gefährten am Sabbat aufsuchten, außerhalb der Stadtmauer am Fluß gelegen war, dann entspricht dies jüdischer Gepflogenheit, Synagogen an Flüssen zu errichten, weil man so besser die vorgeschriebenen rituellen Waschungen erfüllen konnte.

Auch die Bekehrung und die Taufe Lydias, der ersten europäischen Christin der paulinischen Mission, einer Purpurhändlerin aus Thyatira, wird auf gute Überlieferung zurückgehen. In ihrem Haus mag die neugegründete Gemeinde ihren Mittelpunkt gehabt haben. Ebenso ist nicht an einer Gefangenschaft des Apostels zu zweifeln, wenn auch ihre Schilderung stark novellistisch ausgestaltet ist. Wir wissen nämlich aus 1 Thess 2,2, daß der Apostel in Philippi Verfolgung und Mißhandlung erfahren hat. Der Bericht der Apostelgeschichte zeigt auch, daß die Widerstände in Philippi nicht von der jüdischen, sondern von der römischen Bevölkerung ausgingen (Apg 16,20ff.).

Von der engen persönlichen Bindung des Apostels gerade an diese Gemeinde gibt Paulus selbst das schönste Zeugnis, wenn er im Philipperbrief schreibt: »Ihr wißt selbst, ihr Philipper, daß ich beim Beginn der Verkündigung des Evangeliums, als ich aus Mazedonien aufbrach, mit keiner Gemeinde durch Geben und Nehmen verbunden war außer mit euch ...« (4,15). Die Christengemeinde von Philippi zeichnete er also dadurch aus, daß er von ihr mehrfach Unterstützung annahm, ein Privileg, das er nur wenigen Gemeinden gewährte (vgl. 4,10.16).

2. Die Einheitlichkeit des Philipperbriefes

Die neuere Forschung vertritt vielfach die Meinung, daß der Philipperbrief, wie er vorliegt, aus mehreren Briefen bzw. Brieffragmenten zusammengefügt wurde. Doch ist auch die gegenteilige Ansicht anzutreffen, daß der Philipperbrief als einheitlich verfaßt zu gelten habe. Dieser Kommentar geht von drei ursprünglich selbständigen Briefen aus, die von einem späteren Redaktor zu einem Schreiben zusammengefaßt wurden. Er unterscheidet:
1. einen Gefangenschaftsbrief (Phil 1,1–3,1; 4,2–7.21–23);
2. einen Kampfbrief (3,2–4,1.8f.);
3. einen Dankesbrief (4,10–20).
Auf die Begründung für diese Unterscheidung wird in der Texterklärung eingegangen.

Die Abfassungsfolge ist so zu denken: An erster Stelle hat Paulus den Dankesbrief geschrieben nach Erhalt der Spende, die ihm durch Epaphroditus, den Abgesandten Philippis, überbracht worden war. Er ist gleichsam eine Bestätigung des Eingangs der Unterstützung.

Als zweiten verfaßte der Apostel den sogenannten Gefangenschaftsbrief. Überbringer dieses Briefes war Epaphroditus (2,25), dessen Rückkehr nach Philippi wohl der unmittelbare Anlaß für die Abfassung des Briefes war. Er sollte ursprünglich längere Zeit dem Apostel zur Verfügung stehen, war aber in der Zwischenzeit sehr schwer erkrankt und wird nun von Paulus nach Philippi zurückgesandt. Für seine Heimkehr stellt ihm darin der Apostel ein besonders schönes Führungszeugnis aus. Doch verfolgt er darüber hinaus mit seinem Schreiben noch weit wichtigere Ziele: Er will die Gemeinde von Philippi über seine gegenwärtige Lage informieren, bestärkt sie in der Verfolgung, die sie von außen bedrängt, und ermahnt sie eindringlich zur Einheit. Auch kündigt er die baldige Ankunft des Timotheus in Philippi an und tut den Philippern kund, daß er selbst bald bei ihnen zu sein hofft. Trotz seiner gegenwärtigen Gefangenschaft, in der er möglicherweise sogar mit dem Schlimmsten rechnen muß, gibt er auf jeder Seite des Briefes Zeugnis von einer tiefen Freude, zu der er auch die Leser seines Briefes ermuntert.

Einen völlig anderen Charakter offenbart der Kampfbrief, der als letztes der drei genannten Schreiben anzusetzen ist. Er ist bestimmt von einer heftigen Polemik gegen judenchristliche Irrlehrer, die in die Gemeinde von Philippi eingedrungen sind und offensichtlich mit ihrer für uns nicht mehr ganz durchschaubaren Botschaft andernorts bereits erhebliche Faszination ausgeübt haben. Die Leidenschaftlichkeit der Auseinandersetzung, in der Paulus sich mit diesen »schlechten Arbeitern« mißt, zeigt, wie sehr er um seine geliebte Gemeinde in Sorge ist. Zu dieser Zeit scheint Paulus nicht mehr im Gefänis gewesen zu sein, da er nirgends mehr auf seine Fesseln Bezug nimmt.

3. Zeit und Ort der Abfassung der Philipperbriefe

Zeit und Ort der Abfassung lassen sich nur für den Gefangenschaftsbrief mit einiger Sicherheit bestimmen, da nur dieser hinreichende biographische Verweise enthält. Wir erfahren in diesem Brief, neben der Tatsache der Gefangenschaft des Apostels, daß diese an einem Ort anzusetzen ist, wo es ein Prätorium gibt und Leute aus dem Haus des Kaisers anzutreffen sind (vgl. 1,13; 4,22). Ebenso ist die Möglichkeit einer relativ schnellen gegenseitigen Information gegeben (vgl. 2,25 f.: Die Philipper hatten von der

Krankheit des Epaphroditus gehört, und dieser selbst hatte bereits wieder erfahren, daß die Philipper darum wußten.). Überdies scheint die Entfernung zwischen den beiden Orten nicht allzu groß zu sein (vgl. 2,19–24: Der Apostel will in Kürze den Timotheus nach Philippi senden, damit er ihm über die dortige Situation Bericht erstattet. Ebenso will auch er selbst »bald« nach Philippi kommen.). Hier wird in knappen Zeiträumen geplant, die bei großen Entfernungen nicht einzuhalten sind.

Wir kennen nun aus der Apostelgeschichte eine Gefangenschaft des Paulus in Rom, bei der er die Erlaubnis erhielt, mit dem Soldaten, der ihn bewachte, eine eigene Wohnung zu nehmen. In dieser Gefangenschaft war ihm ein intensiver Außenkontakt möglich (vgl. Apg 28,17.23.30). Ferner war der Apostel wieder nach Auskunft der Apostelgeschichte in Cäsarea am Meer in Haft (Apg 23,35), und zwar über zwei Jahre. Der damalige römische Statthalter Felix verwahrte ihn in milder Haft und gab den Befehl, daß niemand die Seinen daran hindere, ihm zu Diensten zu sein (Apg 24,23). Als dritter Ort, der für eine Gefangenschaft eventuell noch in Frage kommt, ist Ephesus zu erwähnen. Zwar haben wir von einer Gefangenschaft in Ephesus keine direkten Nachrichten, aber einige Stellen aus den Korintherbriefen (1 Kor 15,32; 2 Kor 1,8 f.; 11,23) sind am ehesten auf dem Hintergrund einer Haft in Ephesus verständlich.

Von den genannten Gefangenschaftsorten, die für die Abfassung des Gefangenschaftsbriefes in Frage kommen, dürfte Ephesus vor Rom und Cäsarea der Vorzug gegeben werden. Die große Entfernung von Rom nach Philippi bereitet für eine intensive Kommunikation, wie sie in 2,25 f. vorausgesetzt ist, erhebliche Schwierigkeiten. Auch könnte Paulus nicht von einer »baldigen« Ankunft bei den Philippern sprechen (2,24). Wenn zunächst Timotheus diese aufsuchen und dann wieder zu ihm zurückkehren soll und danach erst er selber nach Philippi aufbrechen will, dann hätte das bei einer Gefangenschaft in Rom doch sicherlich Monate in Anspruch genommen. Ähnliches gilt auch für Cäsarea. Dagegen kam man von Ephesus nach Philippi in wenigen Tagen, und die Nachrichtenübermittlung verlief problemlos.

Die Erwähnung des Prätoriums und der Leute aus dem Haus des Kaisers bereitet für die Annahme einer Kerkerhaft in Ephesus keine Schwierigkeiten. Denn »in Ephesus gab es ein prokonsularisches Gericht, ein Prätorium also, und kaiserliche Sklaven, die sich sogar zu einem Verein zusammengeschlossen hatten« (*J. Gnilka* 21). Demnach wurde wohl der Brief Mitte der fünfziger Jahre in Ephesus verfaßt, ebenso auch der vorausgehende Dankesbrief. Die Frage, ob der Kampfbrief noch in Ephesus verfaßt wurde, oder an einem anderen Ort der paulinischen Mission, wird von den Forschern sehr unterschiedlich beantwortet.

ZWEITER TEIL

Kommentar

I. Anschrift und Gruß (1,1–2)

Der Apostel Paulus beginnt alle seine Briefe in der damals üblichen Form. Es werden zunächst der oder die Absender genannt, dann folgen die Adressaten, an die das Schreiben gerichtet ist. Das Ganze beschließt ein Gruß. Im Philipperbrief nennt Paulus neben sich Timotheus als Absender. Dieser stammte aus Lystra und war der Sohn einer jüdischen Mutter und eines griechischen Vaters (Apg 16,1). Er zählt zu den treuesten und bedeutendsten Gefährten des Apostels. Mehrfach hat ihn dieser mit besonderen Aufträgen zu seinen Gemeinden gesandt. Im Philipperbrief stellt er ihm das Zeugnis aus, daß er keinen Gleichgesinnten habe, der so aufrichtig um die Sache der Philipper besorgt ist (Phil 2,20). Er war bei der Gründung dieser Gemeinde dabei, und deshalb nennt er ihn wohl als Mitabsender des Briefes. Achtet man darauf, wie Paulus üblicherweise seine Briefe beginnt, wie er sich meist durch die Bezeichnung Apostel von den übrigen Mitgenannten abhebt, so überrascht es, daß er sich hier mit Timotheus zusammen lediglich Knecht Christi Jesu nennt. Dieser Gemeinde gegenüber muß er offensichtlich zur Zeit der Abfassung des Briefes nicht sein Apostelamt hervorheben; seine Autorität ist unbestritten. Und auch sein Verhalten zu Timotheus bestimmt nicht der Vorrang des von Gott berufenen Apostels, sondern der gemeinsame Dienst. Beide wissen sich Christus Jesus im absoluten Gehorsam verpflichtet.

Paulus richtet seinen Brief nicht an einzelne Gemeindeglieder, sondern an die ganze Gemeinde. Er charakterisiert sie mit Worten, die ihr bewußt machen, was sie durch Glaube und Taufe geworden ist. Sie ist ganz von Christus bestimmt, deshalb darf sie heilig genannt werden. Eigens erwähnt Paulus die Bischöfe und Diakone der Gemeinde von Philippi.

Die Episkopen und Diakone in Philippi

Das griechische Wort, das mit »Bischöfe« wiedergegeben wird, lautet episkopos. Dem episkopos kamen in der Welt des Griechentums Verwaltungsaufgaben zu. So wurden Staatsbeamte bezeichnet, etwa Statthalter, aber auch kommunale und sonstige Beamte. Seine Aufgaben waren vielfältiger Natur.

Auch im griechisch sprechenden Judentum behielt der episkopos die offene Bedeutung eines Aufsehers über allerlei Bereiche. Die Qumrangemeinde kannte die Einrichtung eines Aufsehers, der für Fragen der Seelsorge, der Disziplin und der Lehre zuständig war.

Doch wird die griechisch bestimmte Gemeinde von Philippi kaum für Einflüsse aus dem jüdischen Raum geöffnet gewesen sein. So dürften auch die episkopoi in Philippi vor allem administrative Aufgaben wahrgenommen haben. Später erhielt dieses Amt dann neue Qualifikationen, bis es schließlich in das heutige Bischofsamt mündete.

Mit den episkopoi nennt Paulus zusammen die diakonoi. So konnte der Grieche den Boten, den Diener, den Hausverwalter, den Untersteuermann, den Kultassistent, aber vor allem den bei Tisch Aufwartenden bezeichnen. Paulus verbindet mit der Wortgruppe vom Dienen mehrfach die Fürsorge für die Armen in der Gemeinde von Jerusalem und die Verkündigung des Evangeliums. Waren die Diakone in Philippi daher eher Armenpfleger oder Verkünder? »Da der Apostel aber gleich zu Beginn des Briefes die aktive Anteilnahme der Gemeinde an der Evangeliumsverkündigung rühmt, wird man geneigt sein, in den Diakonen vorab die aktiven Träger dieser Verkündigung zu sehen« (*J. Gnilka* 39).

Diesen Männern, die mit besonderen Aufgaben auf Dauer bestellt waren, und der Gemeinde insgesamt gilt der Gruß des Apostels. Er ist nicht irgendeine unbedeutende Floskel, sondern Zusage des Heils – in diesem Sinne muß »Frieden« verstanden werden –, das Gott in Jesus Christus aus Gnade gewährt.

II. Der Apostel und sein Evangelium (1,3–26)

1. Dank und Fürbitte (1,3–11)

Paulus fügt nach Absender, Adressat und Gruß in seinen Briefen, mit Ausnahme des Galaterbriefes, eine Danksagung an. In solchem Überschwang wie hier aber dankt der Apostel andernorts nicht. Am ehesten noch im 1. Thessalonicher- und Philemonbrief. Er bekennt, daß er immer, bei jedem Gebet, für sie alle – keiner ist ausgenommen – mit Freude betet. Es liegt also eine frohe Stimmung über dem Schreiben und über seinem Verfasser trotz der Gefangenschaft, in der er sich befindet. Dank und Freude verbinden sich gleichwohl mit fürbittendem Gebet. Aber weshalb sollte der Apostel nicht gerade aus einer tiefen Freude heraus seiner Gemeinde auch fürbittend gedenken? Oder will er die Philipper seines besonderen Gebetes versichern, da auch er in seiner Gefangenschaft sich von ihrer Fürbitte getragen weiß (1,19)? Der tiefste Grund seines Dankes ist ihr Einsatz für das Evangelium vom ersten Tage an bis jetzt. Sie haben in vielfältiger Weise an dessen Verkündigung teilgenommen, angefangen mit materieller Unterstützung über konkrete Predigttätigkeit bis hin zum Erleiden von Schmach für das Evangelium. Insbesondere wird er Gott gedankt haben für die Weiterverkündigung der Frohbotschaft, da dies wohl für den gefangenen Apostel ein besonderes Anliegen war.

Das Handeln im Dienste des Evangeliums aber gründet im Glaubensstand der Gemeinde. Ihn hat Gott in Philippi gewirkt von Anfang an. Deshalb ist Paulus davon überzeugt, daß er sein eigenes Werk auch zur Vollendung führen wird bis zum Tag Christi Jesu. Gott ist für Paulus der wahrhaft getreue Gott, der diejenigen, denen er den Glauben geschenkt hat, darin auch erhalten wird.

Der »Tag Christi Jesu« ist vom alttestamentlichen »Tag Jahwes« her zu verstehen; dieser ist der große Gerichtstag, der zugleich Heil und Rettung schafft (Joël 3; Am 5,18 ff.; Mal 3,2). Daraus wurde bei Paulus der Tag Christi Jesu, an dem es gilt, unbescholten dazustehen; an diesem Tag sollen der Apostel und seine Gemeinde gegenseitig sich zum Ruhme sein.

Dank, Bitte, Freude und Zuversicht bewegen den Apostel, wenn er an die Gemeinde von Philippi denkt. In einer persönlichen Bemerkung gibt er die Antwort, weshalb er seine Adressaten mit so großem Wohlwollen beschenkt: er hat sie ins Herz geschlossen. Mit einigen wenigen Worten drückt er so die enge Beziehung, die Herzlichkeit aus, die ihn an die Philipper, und zwar an alle Gemeindeglieder, bindet. Freilich hat dieses tiefe Gefühl auch einen besonderen Grund. Er weiß um ihre Verbundenheit mit ihm in seiner Gefangenschaft. Dabei kommt es ihm nicht so sehr auf sein persönliches Schicksal an, er betrachtet die Kerkerhaft eher als eine besondere Chance, dem Evangelium zu dienen. Sie gibt ihm Gelegenheit, die Botschaft vor Gericht zu verteidigen und zu bekräftigen. Hier stehen sie ihm in vielfältigem Bemühen, vielleicht auch durch die Situation der Verfolgung, zur Seite und sind Teilhaber seiner Gnade. Eigentlich erwartet man ja, daß er die Philipper als Teilhaber an seinem Leiden bezeichnen würde. Paulus gewährt uns dadurch einen Einblick in sein Verstehen von Leid und Verfolgung.

Leiden wird ihm zur Gnade, das Leidenmüssen ein Leidendürfen. Das hat nichts mit Sarkasmus zu tun, sondern mit der Überzeugung des Apostels, daß in seiner Schwachheit um so mehr die Kraft Christi offenbar wird. Deshalb bekennt er im 2. Korintherbrief: »So will ich denn viel lieber meiner Schwächen mich rühmen, damit die Kraft Christi sich niederlasse auf mich« (2 Kor 12,9). Daß ausgerechnet durch seine Gefangenschaft das Evangelium bekannt wird, ist für ihn eine besondere Erfahrung des gnadenhaften Handelns Gottes. Aber die Tatsache, jetzt gebunden zu sein, läßt ihn ebenso die Trennung von seiner geliebten Gemeinde hart erfahren. Darum beteuert er mit einem Schwur, der die innere Erregung offenlegt, welche Sehnsucht er nach ihnen allen hat. Erfahrung des Verlustes und Hoffnung auf neue Begegnung schwingen zugleich in der Kundgabe seiner Sehnsucht mit, die nicht eine nur natürliche Empfindung ist, sondern bestimmt wird von der Liebe Christi Jesu. So ist »die menschliche Liebe geläutert durch die Christusliebe, die sie umgreift« (*J. Gnilka* 50).

Hat Paulus schon zu Beginn von seinem fürbittenden Gebet gesprochen, so wird er nun konkreter in der Sache, worauf er sein Gebet für die Gemeinde richtet. Überströmende Liebe erfleht er für sie. Wenn die Liebe in der Gemeinde zum Anliegen des Betens wird, dann wird sie zuallererst als Geschenk Gottes gesehen. Sie bedarf aber ebenso stets des eigenen Bemühens und kommt wie in der Gemeinde von Philippi, so auch in jeder anderen Gemeinde nie an ihr Ziel. Erkenntnis und alles Verständnis erbittet der Apostel für diese Liebe, denn ihre Verwirklichung im Alltag bedarf der Überlegung und des Feingefühls. Echte Liebe bedarf der Nüchternheit des Denkens und der Klugheit, die befähigen, das Rechte zu tun, aber auch der Sensibilität, die auf den anderen einzugehen vermag, ohne ihm zu nahe zu treten oder gar ihn zu verletzen. Paulus verankert dieses Bemühen um die Liebe zum Nächsten im bevorstehenden Tag Christi. Das hat nichts mit einer Angstmoral zu tun. Der Christ weiß sich vielmehr in den größeren Horizont von Schöpfung und Erlösung hineingenommen und sieht sich deshalb in der Lage, auch dort noch das Prinzip der Liebe zu leben, wo es schwerfällt. Und »in Erwartung des Gerichtes erhält jede Entscheidung ein anderes Gewicht« (*J. Ernst* 42). Bloßes Pflichtbewußtsein ist in manchen Situationen nicht mehr hinreichender Grund für selbstloses Verhalten. An diesem Tag Christi, so fleht der Apostel, sollen sie mit vollen Händen erfunden werden. Freilich macht er sie zugleich darauf aufmerksam, daß sie nicht aus sich selbst bestehen können. Die Frucht ihres Rechttuns verdankt sich dem Heilsgeschehen in Jesus Christus. Damit entfällt jeder Leistungsstolz. Das Gebet des Apostels mündet in einen abschließenden Lobpreis. Die Liebe, die die Gemeinde immer mehr verwirklichen soll, die Fähigkeit rechter, sittlicher Entscheidung und ihr Bestehen am Tag Christi, das alles ist hingeordnet auf die Verherrlichung und den Lobpreis Gottes. Gottes Werk und der Menschen Tun finden darin ihr Ziel.

2. Paulus, Verkünder der Frohen Botschaft (1,12–26)

Nach einer ausführlichen Einleitung kommt Paulus auf seine Lage zu sprechen, auf seine derzeitige Gefangenschaft. Die Gemeinde wird um ihn in großer Sorge gewesen sein und ungeduldig auf eine Nachricht gewartet haben. Wer aber nun erwartet, daß der Apostel im Detail über seine Haftbedingungen berichtet, der wird enttäuscht. Sie sind ihm als solche nicht wichtig. Distanziert und ohne Informationswert spricht er einfach von den »Umständen, die mich betreffen«. Es liegt ihm nicht daran, gelobt oder bedauert zu werden. Er tritt völlig hinter seine Aufgabe zurück. Allein auf die Verkündigung der Frohbotschaft kommt es ihm an. Ganz wider Erwarten hat nun gerade seine persönlich mißliche Lage zum Fortschritt des Evangeliums geführt, denn im Prozeßverlauf wurde offenkundig, daß er nicht wegen irgendwelcher schändlicher Vergehen, sondern um Christi willen gefangengesetzt worden war. Dies erfuhren die Beamten der Residenz des Statthalters, die mit seinem Fall zu tun hatten, dann aber auch alle übrigen, »die damit nicht amtlich befaßt« waren »und, sei es als Zuhörer, Mitgefangene oder auf andere Weise, mit ihm in Berührung kamen« (*G. Barth* 25). So war das Evangelium nicht angekettet, wenn auch sein Bote im Kerker war.

Das mutige und bekennende Auftreten vor Gericht zeitigte auch eine besondere Wirkung in der Christengemeinde von Ephesus. Der Einsatz des Apostels forderte ihren Einsatz heraus. Sie wagt es nun noch mehr und ohne Furcht, das Evangelium zu verkünden. Wenn Paulus vom Wagnis spricht und die Furchtlosigkeit eigens hervorhebt, dann muß diese Gemeinde durch die Gefangennahme des Apostels selbst in große Gefahr geraten sein. Daher kann sich auch nicht die Gemeinde insgesamt, sondern nur die »Mehrzahl« zur Verkündigung entschließen.

Den Fortschritt des Evangeliums, der trotz solch widriger Umstände eingetreten ist, den Philippern gleich zu Beginn seines Briefes mitzuteilen, ist dem Apostel ein besonderes Anliegen.

Freilich, bei aller frohen Gestimmtheit, so ganz ohne Mißstände ist die gegenwärtige Lage der Gemeinde, die er eben lobend erwähnte, nicht.

Die Verkünder des Evangeliums handeln aus unterschiedlichen Motiven. Da sind die einen, die aus Neid und Streitsucht tätig werden – Laster, die das Gemeinschaftsleben besonders bedrohen –, es gibt aber ebenso die anderen, die aus lauterer Gesinnung Christus verkünden. Beide Male steht ihr missionarisches Wirken in Beziehung zum gefangenen Apostel. Während die letzteren aus Liebe zu ihm tätig werden und mit ihm solidarisch sind in der Überzeugung, daß seine Gefangenschaft ihm von Gott gefügt wurde, damit dadurch das Evangelium eine öffentliche Verteidigung erfährt, verkündet die erste Gruppe aus Eigennutz und will mit ihrer Verkündigung dem Gefangenen sogar Schwierigkeiten bereiten. Es sind wohl Männer, die dem Apostel seine Erfolge neiden, die sich durch ihn eingeengt fühlen und nun ihre Chance gekommen sehen, sich wieder ins rechte Licht zu setzen. Der Verweis auf Neid und Eigennutz dieser Verkünder spricht für eine solche Vermutung.

Hier zeigt sich besonders die Größe des Apostels. Wenn die Sache des Evangeliums Fortschritte macht, stellt er jede persönliche Anfechtung hintan. Es zählt allein, daß Christus verkündet wird, und sei es auch nur unter einem sehr egoistischen Vorwand. Paulus ist so durchdrungen von dem Ziel, das Evangelium in die Welt hinauszutragen, daß er von den Absichten und dem Charakter der Verkünder selbst absehen kann, wenn dieses Ziel erreicht wird. Was ihm selbst dabei an Schaden und Verleumdungen zugefügt wird, bedeutet nichts. Statt sich einer persönlichen Kränkung hinzugeben, freut er sich über den Erfolg des Evangeliums.

Aber auch wenn er wieder auf sein eigenes Schicksal blickt, verliert er nicht den Mut. Ganz im Gegenteil. Er versichert, daß auch seine Zukunft von Freude erfüllt sein wird. Denn er ist getragen von der Gewißheit, daß seine Kerkerhaft mit all ihren Unwägbarkeiten und ihrer unberechenbaren Dauer ihm zum Heil gereichen wird. Unversehens gebraucht er Worte, wie sie der alttestamentliche Dulder Ijob gesprochen hat.

Paulus denkt dabei nicht an einen günstigen Ausgang des Prozesses; vor seinen Augen steht das endgültige Heil, die Errettung am Ende der Tage. Alles, was ihn getroffen hat, und die Belastungen, die noch ausstehen, werden in ihrer Bedrohung es nicht vermögen, ihn von seiner Sendung abzubringen oder gar im Glauben wankend zu machen. Dessen ist er sicher. Freilich vertraut er nicht auf die eigenen Kräfte, sondern auf das Gebet der Gemeinde von Philippi und auf den Geist Jesu Christi. Mehr als in den anderen Briefen hat Paulus zu Beginn des Philipperbriefes sein Gebet für die Gemeinde hervorgehoben. Er ist überzeugt, daß auch die Gemeinde ihrerseits nun betend ihm beisteht. Vor allem aber sieht er die Gewißheit des Heils gewährleistet durch die Hilfe des Geistes Jesu Christi: »Dieser Geist ist ... nur logisch von Jesus Christus, dem erhöhten Kyrios, unterschieden, ›wie man das Ich immer auch unterscheiden kann von der Kraft, die von ihm ausgeht‹« (*J. Gnilka* 67). Der Geist Jesu Christi ist es, auf den er vor allem seine Hoffnung setzt. Er wird ihm beistehen in der Verteidigung vor Gericht (vgl. Mk 13,11) und in all den Anfechtungen, die seine gegenwärtige Situation mit sich bringt. Auch Paulus ist ein Mensch, der der Kraft und des Trostes bedarf in einer Lage, die nur im großen Vertrauen durchgetragen werden kann. Im Vertrauen auf das Gebet der Gemeinde und den Geist Christi trägt er die unerschütterliche Hoffnung in sich, daß, was auch immer geschieht, zu seinem endgültigen Heil gereicht. Auf die derzeitige Lage des Apostels bezogen bedeutet dies, daß Gott ihm beistehen wird, seine Sendung in Treue zu erfüllen, nämlich daß in der Öffentlichkeit wie allezeit so auch jetzt Christus verherrlicht werden wird durch seinen Leib, sei es durch Leben, sei es durch Tod. Seine ganze menschliche Existenz ist diesem einen Ziele der Verherrlichung Christi untergeordnet, in der Gefangenschaft freilich in besonderer Weise, da durch sie bedingt zwei Möglichkeiten in Erwägung gezogen werden müssen.

Wird ihm die Freiheit erneut zuteil, dann dient das der weiteren Evangeliumsverkündigung, wird er aber zum Tod verurteilt, so will er durch sein Sterben dem Herrn zur Ehre gereichen. Der um ihn besorgten Gemeinde macht Paulus mit solchen Worten bewußt, daß ein negativer Ausgang des Prozesses ihn nicht beunruhigt. Der Tod wird vielmehr ebenfalls als eine positive Möglichkeit des Ruhmes Christi in seine Überlegungen miteinbezogen. Er wird sogar als Gewinn angesehen.

So kann Paulus nur sprechen, weil für ihn Christus das Leben schlechthin ist. Für den, dem Christus alles ist, bedeutet das Sterben keinen Verlust; ganz im Gegenteil. Die verborgene, nur im Glauben erfahrbare Christusgemeinschaft geht dadurch ja über in die unverhüllte Gemeinschaft mit ihm. Aber Paulus weiß ebenso um den Wert der irdischen Existenz. Bleibt er am Leben, dann heißt das für ihn fruchtbare Arbeit, dadurch ist ihm weitere Möglichkeit für seine apostolische Tätigkeit gegeben. Der Apostel kann sich nicht entscheiden, was er wählen soll. Das darf in seiner Lage natürlich nicht so verstanden werden, als ob er tatsächlich eine Entscheidung treffen könnte für den Tod oder für das Leben. Der Ausgang des Prozesses liegt nicht in seiner Hand. Er läßt aber die faktischen Gegebenheiten hinter sich und stellt Überlegungen an, wie wenn es nur auf ihn ankäme. Die Alternativen machen ihm die Entscheidung schwer. Er spürt einerseits das Verlangen in sich, aufzubrechen – das Wort ist eine Umschreibung des Sterbens – und beim Herrn zu sein. Paulus weiß also zur Zeit der Abfassung des Philipperbriefes um eine Gemeinschaft mit Christus, die bereits mit dem Tode eintritt und die von der Totenerweckung am Ende der Zeit zu unterscheiden ist. Wer im Leben schon in Christus ist, dem kann auch durch den Tod diese Gemeinschaft nicht entrissen werden, auch nicht für eine kurze Zeit. Andererseits aber ist Paulus zu sehr Seelsorger, als daß er nicht die Notwendigkeit erkennen würde, um seiner Gemeinde willen am Leben zu bleiben. Darauf vertrauend kommt ihm die Gewißheit zu, daß er bleiben wird. Er wird bei ihnen allen verbleiben, nicht um eines persönlichen Vorteils willen, sondern damit sie im Evangelium Fortschritte machen und dadurch Glaubensfreude erlangen. Denn der Glaube an das Evangelium bewirkt im Innern des Menschen die wahre Freude (vgl. Röm 15,13; 2 Kor 1,24).

So soll seine Anwesenheit und die erneute Verkündigung der Gemeinde zu noch größerem Ruhm gereichen, der in Jesus Christus, in den Heilstaten, die Gott durch ihn wirkt, gegründet ist.

III. Verschiedene Mahnungen (1,27–2,18)

1. Aufruf zur Eintracht (1,27–2,4)

Hatten im Vorausgehenden das Schicksal des Apostels und vor allem die Verkündigung des Evangeliums das Schreiben bestimmt, so wendet sich nun der Apostel an die Gemeinde mit Ermahnungen, die stark die Einheit hervorheben. Da die lehrhaften Aussagen im Philipperbrief verglichen mit den übrigen Paulusbriefen gering sind, liegt offensichtlich auf der breit angelegten Paränese ein gewisser Schwerpunkt. Gleichsam als Leitsatz stellt er seinen Mahnungen voraus: »Führt ein Gemeindeleben würdig des Evangeliums Christi!«

Durch die Verkündigung der Heilsbotschaft Christi sind sie des Heils teilhaftig geworden (vgl. Röm 1,16). Nun sollen sie dem Gnadenhandeln Gottes in ihrem Gemeindeleben auch entsprechen. Unabhängig von seiner eigenen An- bzw. Abwesenheit hofft er, über sie zu vernehmen, daß sie diesen Grundsatz im konkreten Leben verwirklichen. Besonders die Einheit der Gemeinde ist ihm ein Anliegen: daß sie in einem Geiste feststehen, die Einheit der Gesinnung wahren und aus solcher Einheit des Geistes heraus mit einer Seele für den Glauben an das Evangelium kämpfen, ohne sich von Gegnern einschüchtern zu lassen.

Es wird sich hier nicht um innergemeindliche Auseinandersetzungen gehandelt haben, sondern um Angriffe von außen. Dabei bedient sich der Apostel einer Sprache, die dem Militärwesen entnommen ist: feststehen, kämpfen, Gegner. Ob diese Widersacher Heiden oder Juden waren, ist schwer zu entscheiden. Im griechischen Raum möchte man eher mit Heiden rechnen. Aber der Apostel beläßt es nicht bei der bloßen Mahnung. Ihre Bewährung dient einem besonderen Aufweis. Die Einmütigkeit der Gemeinde, ihr restloser Einsatz für den Glauben und ihre Unerschütterlichkeit den Widersachern gegenüber wird diesen zum Zeichen, daß sie dem definitiven Untergang geweiht sind, während die Christen in ihrer Standhaftigkeit einen Erweis ihres gewissen Heils erkennen dürfen. Deshalb verankert Paulus das Bemühen und die Treue der Gemeinde in Gott, der bei allem menschlichen Bemühen letztlich diesen Erweis bewirkt. Darüber hinaus soll es der Gemeinde von Philippi bewußt werden, daß nicht nur der Glaube an, sondern auch das Leiden für Christus von Gott geschenkte Gnade ist. Vom Glauben her erfährt das Leid eine tiefe Deutung. Andererseits besteht der Glaube seine Bewährungsprobe im Leiden, das um Christi willen angenommen und ertragen wird.

Es wird der Gemeinde hilfreich gewesen sein, wenn sie sich nicht nur im Glauben, sondern auch in der Verfolgung mit dem Apostel selbst aufs engste verbunden wußte. Diese Solidarität hebt Paulus ausdrücklich hervor. Sie besteht darin, daß beide um Christi willen zu leiden haben. Wenn Paulus dabei an seinen Kampf in der Vergangenheit erinnert, dann meint er damit die Verfolgungen, die er in Philippi bei der Gemeindegründung erdulden mußte (vgl. 1 Thess 2,2; Apg 16,19–40). Aber auch in der Gegenwart muß er für Christus Schweres ertragen. Er liegt in Ephesus in Ketten und weiß nicht, wie diese Gefangenschaft endet. Das alles betrachtet er als von Gott gewährte Gnade.

Der Blick des Apostels bleibt aber nicht an der äußeren Bedrängnis haften. Er hat ebenso Grund, Probleme des inneren Lebens der Gemeinde anzusprechen. Zu diesen Weisungen leitet er in gehobener Sprache über, indem er hervorhebt, wie sehr er berechtigt ist, an die Gemeinde Forderungen zu stellen. Er spricht von der »Ermahnung in Christus«. Es ist das nicht irgendeine Mahnung, die er an die Gemeinde richtet. Sie ist begründet durch das Heilsgeschehen in Christus (vgl. Röm 3,24; 6,11.23 u.ö.). Nur von dort her läßt sie sich legitimieren. Wem das Heil geschenkt ist, der muß auch danach handeln. Man kann auch daran denken, daß Paulus auf seinen durch Christus verliehenen Apostelдienst hinweisen will. Dann ist es nicht eigentlich er, der die Mahnung ausspricht, sondern Christus durch ihn. Und sein Wort wiegt um so mehr. Charakterisiert er sein Wort sodann als »Zuspruch der Liebe«, dann tritt dadurch stärker die persönliche Note hervor. Zuspruch ist eine sehr individuelle Form des Gesprächs. Deshalb muß sie von Liebe bestimmt sein. Wird nämlich Trost oder auch Zurechtweisung nicht von Zuneigung und Liebe bestimmt, entsteht leicht der Verdacht irgendwelcher eigennütziger Absichten. Häufig hebt Paulus in seinen Briefen die Liebe als entscheidendes Merkmal christlichen Gemeindelebens hervor (vgl. Röm 12,9; 13,8ff.; 1 Kor 13 u.ö.).

Mahnung und Zuspruch sind vor allem seelsorgerliche Tätigkeiten. Steht dadurch der Apostel in gewisser Weise der Gemeinde gegenüber, so fügt er sich durch den Verweis auf die »Gemeinschaft des Geistes« voll in sie ein. Wie sie hat er am Geiste Christi bzw. am göttlichen Geist teil, der alle zu Kindern Gottes macht (Röm 8,14ff.). Dieser Geist wirkt die Einheit in der Gemeinde (1 Kor 12,13) und teilt die verschiedenen Gnadengaben zu unter gleichzeitiger Wahrung der Einheit (1 Kor 12,4–11.13). Paulus hält es bei den Philippern für sehr angebracht, an die Teilhabe des Geistes zu erinnern, da offensichtlich die Einmütigkeit der Gemeinde Schwierigkeiten bereitete.

Wenn er abschließend in seinen einleitenden Worten »Liebe und Erbarmen« hervorhebt, dann hat sich deutlich der Schwerpunkt von der Autorität des Apostels hin zum Gemeindeleben verschoben, das sich in Liebe und Mitgefühl verwirklichen soll. Nicht daß beides in Philippi fehlen würde, aber eine Steigerung ist immer noch möglich. Da die Gemeinde nun hinreichend eingestimmt ist, fügt Paulus seine Ermahnung an. Es spricht für die enge Verbundenheit des Apostels mit seiner Gemeinde, daß er in ihrer Bereitwilligkeit, seinem Aufruf zu entsprechen, eine Vollendung seiner Freude sieht. Was ihm am Herzen liegt, ist die einmütige Gesinnung der Gemeinde nicht nur nach außen, sondern vor allem innerhalb ihrer selbst. Eine solche Gesinnung wird offenbar, wenn sie bereit sind, ohne Ausnahme die Liebe zur Grundlage ihres Gemeindelebens zu machen und Einmütigkeit aus innerer Überzeugung zu verwirklichen.

Offensichtlich war die Einheit doch eine Schwachstelle des Gemeindelebens in Philippi, um die sich Paulus sorgte. Daher nennt er auch besondere Gefährdungen, nämlich Streitsucht und leere Prahlerei. An ihrer Stelle sollen sie einander in Demut höher achten als sich selbst. Eine demütige Gesinnung war in einer vom griechischen Denken geprägten Umwelt keine Selbstverständlichkeit. Vom Knecht und vom Sklaven erwartete man eine Gesinnung der Unterwürfigkeit. Den Unterwürfigen betrachtete man als niedrig und untauglich, aber auch als leichtfertig und schlecht. Im Judentum dagegen war man überzeugt, daß Gott sich in bevorzugter Weise den Geringen und Kleinen zuwendet. »Die von der Bibel positiv bewertete Niedrigkeit und Demut betrifft in erster Linie eine Haltung des Menschen gegenüber Gott, schließt aber eine konkrete soziale Lage nicht aus.« Freilich, »die demütige Haltung des Menschen gegenüber den Mitmenschen kommt kaum in den Blick« (*J. Gnilka* 105 f.). In der Mönchsgemeinschaft von Qumran aber ist letztere eine wichtige Stütze des Gemeinschaftslebens. Ähnliches verlangt auch Paulus. Wer die Gesinnung der Demut besitzt, der kennt keine Rangstreitigkeiten und macht keine Unterschiede, er denkt vom anderen höher als von sich selbst. Darüber hinaus erfährt rechte Gemeinschaft noch eine besondere Förderung, wenn keiner auf das Eigene achtet, sondern auf das der andern. Dieser allgemein gehaltene Grundsatz läßt sich auf die verschiedensten Bereiche anwenden. An ihn erinnert z.B. Paulus in 1 Kor 10,24 im Zusammenhang mit der Frage nach der Erlaubtheit des Essens von Opferfleisch. Verzicht ist dann erforderlich, wenn ein Bruder an solcher Speise Anstoß nimmt.

2. Das Christuslied (2,5–11)

Mit bewegenden Worten hat Paulus sich an seine Gemeinde gewendet, aber noch war das Letzt-Begründende seiner Mahnung nicht ausgesprochen. Jetzt kommt es zu Wort: Seid untereinander so gesinnt, wie es Menschen ziemt, die in Gemeinschaft mit Christus Jesus stehen.

Die Heilserfahrung in Christus hat Konsequenzen für das Gemeindeleben. Deshalb bringt Paulus mit Hilfe eines Christusliedes das Heilsereignis in Erinnerung. Er war in der ›morphe‹ Gottes. Das griechische Wort ›morphe‹ hat mancherlei Bedeutungen: Gestalt, äußere Erscheinung, Bild. Vom zeitgeschichtlichen Hintergrund des Hymnus und von den konkreten sprachlichen Gegebenheiten her (die Präposition »in« macht es schwierig, an Gestalt, Erscheinung, Haltung zu denken. Eine solche hat man, aber man ist nicht in ihr) legt sich aber eher die Bedeutung: Daseinsweise oder Stellung nahe. Dem entspricht auch besser die nachfolgende Zuordnung des Gott-gleich-Seins. Christus war also in jener Daseinsweise bzw. Stellung, die geprägt war vom göttlichen Sein. Doch nicht darüber zu reflektieren, ist unser Lied bemüht. Staunend verkündet es vielmehr, daß Christus seine gottgleiche Stellung nicht festhalten wollte. Es lag ihm nicht daran, die göttliche Herrlichkeit und Würde mit aller Gewalt zu bewahren und für sich auszunutzen. Was ihm zu eigen war, stellte er zur Disposition, würden wir heute vielleicht sagen. Aus freier Entscheidung nahm er die Daseinsweise bzw. Stellung eines Knechtes an. So versteht der Dichter des Hymnus das menschliche Dasein, denn er fügt hinzu, daß er den Menschen gleich wurde. Möglicherweise verursachen diese Sätze bei manchem Leser eine gewisse Sorge. Kann denn Christus seine Gottheit aufgeben? Oder ist damit gemeint, daß er Gott bleibt, aber daß er verzichtet, seine Macht, die ihm aus seiner Gottheit zukommt, tatsächlich auszuüben?

Dem Hymnus, der ein sehr frühes Christuslied darstellt, liegt nicht an bestmöglicher theologischer Genauigkeit. Es geht ihm nicht um die Wahrung der zwei Naturen in Christus, der göttlichen und menschlichen, sondern um den Lobpreis jenes Christus Jesus, der sich so radikal entäußerte, daß er auf seine göttliche Daseinsweise und Stellung verzichtete, um den Menschen in allem gleich zu werden, der sich hineinbegab in »das ganze, unter Elend und Tod versklavte Menschendasein« (*G. Barth* 42). Hierin befand er sich und konnte von allen als solcher erfahren werden, der sich bewußt und freiwillig dieser Begrenztheit unterzog bis hin zum Tod. Diese Gehorsamstat wird von verschiedenen Auslegern so gedeutet, daß dadurch vor allem ein Beispiel der Demut und der Selbstlosigkeit für die christliche Gemeinde gegeben werden solle. Doch liegt es näher, zuallererst in diesem Niedrigkeitsweg das entscheidende Heilsereignis ausgesprochen zu sehen, das Christus verwirklicht hat. Die Forschung ist sich darüber nicht einig, ob die Verdeutlichung »bis zum Tod am Kreuze« zum ursprünglichen Christuslied gehört oder nachträglich angefügt wurde. Manches spricht dafür, daß sie auf Paulus zurückgeht. Dadurch verschiebt sich der Stellenwert des Todes im Hymnus. Der Tod Jesu wurde vom Schöpfer des Christusliedes nicht als das entscheidende Heilsereignis angesehen, sondern lediglich als der Tiefpunkt der insgesamt heilschaffenden Selbstentäußerung des einst in göttlicher Hoheit Lebenden. Solchem Heilsverständnis stellt Paulus nun betont den Tod am »Kreuze« entgegen als Gottes Kraft und Gottes Weisheit für die, die gerettet werden (1 Kor 1,24), und deklariert ihn als das entscheidend heilstiftende Geschehen (vgl. Gal 3,1).

Wenn nun zuallererst das Heilshandeln Christi in unserm Lied im Vordergrund steht, muß dann jeder ethische Anklang abgelehnt werden? Jedenfalls zeigt »der gesamte paränetische Kontext des Hymnus ..., daß für Paulus, der das Lied in seinen Brief aufgenommen hat, die Selbsterniedrigung Christi (V. 8) die sachliche Voraussetzung für die Niedrigkeitsgesinnung der Christen ist« (*J. Ernst* 69).

Handelte der erste Teil des Christusliedes vom Abstieg und der Selbsterniedrigung Christi, so besingt der zweite Teil, der mit Vers 9 beginnt, dessen Erhöhung. War seine Erniedrigung die freie Tat des Präexistenten, so ist seine Erhöhung gnadenhaftes Tun Gottes. Sie ist Antwort auf das erlösende Handeln des sich Erniedrigenden. Es geht weniger um einen Lohn als vielmehr um die göttliche Bestätigung seiner Heilstat. Der griechische Text spricht dabei von einem »Übererhöhen«. Diesen alles überragenden Status kennt das Alte Testament nur für Gott. Nun wird eine solche Würde Christus zuteil. Sie findet ihren Ausdruck in der Verleihung des Namens, der über alle Namen ist. Das kann nur der Gottesname sein. Name bedeutet in der Antike nicht Schall und Rauch; er ist vielmehr »untrennbar mit dem Wesen seines Trägers verbunden, er kennzeichnet die Würde und Stellung seines Trägers« (*G. Barth* 43).

Der Name des Erhöhten ist so erhaben, daß – so die erklärte Absicht Gottes – im Namen Jesu jedes Knie sich beuge, der Himmlischen und Irdischen und Unterirdischen. Unter diesen werden vielfach Mächte und Gewalten verstanden, die den gesamten Bereich des Kosmos beherrschen. Dann besagt unsere Stelle: Diese dämonischen, gottfeindlichen Gewalten geben sich geschlagen und anerkennen Jesus als den Herrscher der Welt. »Damit ist der Mensch nun nicht mehr den dunklen Mächten des Schicksals, des Verhängnisses und des Todes ausgeliefert, denn die Welt ist jetzt in den Händen des Erniedrigten und Gehorsamen« (*G. Barth* 44). Freilich ist dies nicht die einzig denkbare Erklärung. Gewisse Schwierigkeiten bereitet etwa die Vorstellung, daß eine frühe Christengemeinde die gottfeindlichen Mächte ihr Glaubensbekenntnis: »Herr ist Jesus Christus« sprechen läßt. Und umgekehrt ist es schwerlich vorstellbar, daß die Gemeinde, die einen solchen Hymnus singt und so auf Erden darstellt, was im Himmel huldigend geschehen soll, das im Bewußtsein tut, daß sie in den Huldigungsruf dämonischer Mächte einstimmt.

So gewinnt auch wieder jene frühere Deutung Vertreter, die in den Irdischen die Bewohner der Erde, in den Himmlischen die Engel und in den Unterirdischen die Toten erkennen will. Oder darf man gemäß Offb 5,13 darunter alle Wesen verstehen, die der Anbetung fähig sind?

Ausdrücklicher Gegenstand des Bekenntnisses ist der Kyriostitel. Nach vielfacher Überzeugung wird dem erhöhten Christus »mit dem Kyrios-Titel ... das Gottesprädikat zugesprochen«, das in der griechischen Übersetzung des Alten Testaments »an die Stelle des Tetragramms (Jahwe) getreten ist« (*J. Ernst* 71). Dann wird durch Erhöhung und Namensverleihung Jesus Christus in denkbar engste Nähe zu Gott gerückt. Dadurch übertrifft er alle anderen Kyrioi, zugleich aber wird er so die Eröffnung Gottes zur Welt und zu den Menschen, denn eben das beinhaltet der alttestamentliche Kyriostitel.

Doch ist diese Deutung nicht unbestritten. Es wird bezweifelt, ob zu dieser Zeit die Bezeichnung Kyrios/Herr bereits »als Umschreibung des Jahwenamens galt« (*W. Egger* 62). Vielmehr sei jener Hoheitstitel gemeint, der Jesus in der Auferstehung/Erhöhung zuteil wurde (vgl. Apg 2,36), dessen Bekenntnis Heil und Rettung bewirkt (vgl. Röm 10,9).

Aber wann findet die Unterwerfung der Mächte statt, bzw. wann ertönt das Bekenntnis aller Zungen? Die Antwort wird verschieden ausfallen, je nachdem man unter den Huldigenden nur die kosmischen Mächte versteht oder sie breiter auffächert.

Im ersten Fall ist die Huldigung beim Akt der Erhöhung bereits geschehen. Die Unterwerfung der Mächte »ist die grandiose Kulisse für die kosmische Akklamation« und »außerdem bildet die Akklamation einen Akt, der unzertrennlich zur Inthronisation des Herrschers gehört« (*J. Gnilka* 129f.).

Nimmt man aber ein breiteres Verständnis an, dann wird der Hymnus ein Ereignis der Endzeit beschreiben wollen, wo die Herrlichkeit Christi allen Wesen offenbar wird und sie in das Bekenntnis einstimmen werden.

Man hat bei diesen Versen an das ägyptische Ritual einer Herrscherinthronisation gedacht. Eine solche erfolgte in drei

Abschnitten: Der König erfährt zunächst die Übertragung göttlichen Lebens. Dann wird der neue Gott dem Kreis der Himmlischen vorgestellt. Und schließlich erfolgt seine Einsetzung zum Herrscher über das ganze Land. Doch läßt sich dieses Schema in seiner Abfolge nicht einfachhin auf unsere Verse übertragen.

Blicken wir zurück auf die göttliche Daseinsweise Christi Jesu vor aller Zeit, wie sie der Hymnus am Anfang besungen hatte, dann stellt sich die Frage, was denn die Erhöhung darüber hinaus noch für Christus bringen konnte. Es ist das Offenbarwerden seiner Herrscherstellung. Freilich ist dieses Geschehen der Welt noch verborgen. Nur die glaubende Gemeinde weiß, »daß die Äonenwende sich mit Christus bereits vollzog« (*J. Gnilka* 129). Und sie erhofft, daß einst, was jetzt noch verborgen ist, vor aller Welt offenkundig wird, die unumschränkte Herrschaft Christi.

Das Christuslied wird beschlossen mit einem Lobpreis Gottes. Allerdings bleibt es etwas undeutlich, worauf dieses Wort des Preises sich bezieht; es ist auch nicht entschieden, ob es ein ursprünglicher Bestandteil des Liedes war oder von Paulus hinzugefügt wurde. Am ehesten wird man darin kundgegeben sehen dürfen, daß das gesamte Heilsgeschehen in Christus vom Beginn bis zum Ende in Gott verankert ist und ihm zur Ehre gereichen soll.

Wenn dabei ausdrücklich von Gott, dem »Vater«, die Rede ist, so mag dies ein erster deutender Versuch sein, das Verhältnis zwischen Christus und Gott zu klären.

Die Herkunft des Christus-Hymnus (Phil 2,6–11)

In der Erklärung von Phil 2,6–11 wurde vorausgesetzt, daß der Hymnus nicht Paulus zum Verfasser hat, sondern diesem bereits vorlag, abgesehen von geringen Ergänzungen.

Dies muß wenigstens mit ein paar Verweisen noch begründet werden. Mag man dem Apostel auch die feierliche Sprache zutrauen, da ein Hymnus eben eine andere Sprechweise erfordert, so sind doch einige theologische Vorstellungen von denen des Paulus so verschieden, daß man sie ihm schwerlich zuweisen kann. Das Christuslied nennt Erniedrigung und Erhöhung als die bedeutsamen heilsgeschichtlichen Faktoren, die Theologie des Paulus aber stellt Kreuz und Auferstehung in die Mitte des Erlösungsgeschehens. Ferner hebt Paulus immer wieder hervor, daß Christi Sterben ein Sterben »für uns« war (vgl. Röm 5,8; 8,32; 1 Kor 15,3; 1 Thess 5,10 u. a.). Sollte er einen solch bedeutsamen Aspekt in einem von ihm selbst geschaffenen Christuslied nicht berücksichtigen? Auch spricht er nirgends sonst von Christus als Knecht, wenn er auch dessen Gehorsam in Röm 5 besonders hervorhebt. Man darf deshalb davon ausgehen, daß Paulus den Hymnus nicht selbst geschaffen, sondern ihn seiner Argumentation dienstbar gemacht hat. Eine wesentlich schwierigere Frage ist die nach der Herkunft der das Lied bestimmenden Gedanken und Vorstellungen. Hier können Lösungsvorschläge nur angedeutet werden.

Meinungsverschiedenheiten bestehen bereits darüber, ob der Hymnus stärker vom jüdischen oder heidnischen Gedankengut geprägt ist. Die Vorstellung eines freiwilligen Abstiegs in das Menschsein bis zur Erniedrigung am Kreuz und eines darauffolgenden, von Gott gewährten Aufstiegs in die himmlische Welt mit der Einsetzung zum Kyrios ließ an Aussagen über die göttliche Weisheit denken. Von ihr wird gesagt, daß sie vor dem Anfang der Zeit erschaffen (Sir 24,9; Spr 8,22 f.), mit Gott zusammenwohnt (Weish 8,3) und Gottes Throngenossin ist (Weish 9,4). Sie war zugegen, als er die Welt erschuf (Spr 8,27–30), und ist ein Abbild des göttlichen Wesens (Weish 7,25 f.). Auch steigt sie hinab in die Welt, ja bis in den Kerker des Gerechten, um ihn zu befreien (Weish 7,27; 10,13–14). Andere erkennen in der Erniedrigung und Erhöhung einen Bezug zum Gottesknecht aus Jes 52/53, der die Untiefen menschlichen Leides für die Sünder auf sich nahm und den Gott ob seines Sühnetodes erhöht hat, oder aber man verweist allgemeiner auf die Gestalt des Gerechten, wie er im Alten Testament und Judentum begegnet, der sein Leben lebt, das bestimmt ist durch Leiden und Sterben, und der sich in solchem Gehorsam als wahrer Knecht Gottes erweist und dafür erhöht wird.

Von einem völlig anderen Ansatz her kommt jene Deutung, die entscheidende Züge des Hymnus im Umfeld des gnostischen Gedankenkreises vom himmlischen Urmensch-Erlöser wiederfindet. Hier kenne »man einen göttlichen Erlöser, der, aus dem Vaterhaus ausgesandt, seinen Reichtum aufgibt ... und in die Welt der Materie hinabsteigt, um die dort gefangenen Seelen zu befreien, und schließlich wieder in himmlische Herrlichkeit zurückkehrt« (*G. Barth* 46).

Schließlich denkt man an den Mythos »von ab- und wieder aufsteigenden Erlösergrößen«, der »überhaupt und generell in der antiken Mittelmeerwelt zu finden« sei, der auch auf historische Personen angewandt wurde. So findet W. Schenk z. B. im Herakles-Mythos bei *Epiktet* »fast alle entscheidenden Strukturelemente von Phil 2,6–11 beisammen«:

> »Was wäre Herakles gewesen, wenn er bei den Seinen zu Hause geblieben wäre?
>
> Erytheus – aber nicht Herakles!
>
> Also, wie viele Vertraute und Freunde hatte er, als er die Welt durchzog?
>
> Aber keinen lieber als Gott!
>
> Darum ... wurde er auch für einen Sohn des Zeus gehalten ... und er war es auch.
>
> Diesem also gehorchend ... zog er herum und zerstörte Ungerechtigkeit und Gesetzlosigkeit.«
>
> (*W. Schenk*, Die Philipperbriefe des Paulus, Stuttgart–Berlin–Köln–Mainz 1984, S. 206 f.)

In dieser verwirrenden Situation angesichts mannigfaltiger Erklärungsversuche »muß man sich der integrierenden Kraft der Urchristenheit bewußt sein, die viele Gedanken – aus dem AT, der jüdisch-hellenistischen Spekulation, der heidnisch-hellenistischen Umwelt – aufnehmen, anpassen und in das eigene Christusbekenntnis hereinholen konnte« (*R. Schnackenburg*, Mysterium Salutis III, 1, S. 322).

3. Die Sorge des Apostels um das Heil der Gemeinde (2,12–18)

Die durch das Christuslied unterbrochene Ermahnung wird nun wieder aufgenommen. Mit diesem Lied hat Paulus eine neue Grundlage für das Weitere geschaffen. Darin nämlich wird der

Gemeinde von Philippi der Heilsweg Christi in Niedrigkeit vor Augen geführt, den er im radikalen Gehorsam beschritt bis zum Tod am Kreuz. In solchem Tun also gründet ihr Heil. Deshalb muß auch ihr eigenes Verhalten davon bestimmt sein, denn jeder, der in Christus ist, ist in ihm als dem Gehorsamen. So kommt es dem Christen aus seiner christlichen Existenz heraus zu, für den Dienst und die Unterordnung in der Gemeinde bereit zu sein. Der Apostel kann der Gemeinde von Philippi, die er mit der vertrauten Anrede »meine Lieben« anspricht, ein hohes Lob spenden. Sie waren allezeit gehorsam. Mit solchem Lob will er sie zugleich aber für das Folgende öffnen. Wenn auch nicht ausdrücklich der genannt wird, dem sie gehorsam waren, so dürfte doch der Apostel selbst damit gemeint sein. Er hat ihnen ja im Evangelium den Ruf und Willen Gottes kundgetan. Er ist es auch, der an sie die folgenden Mahnungen richtet. Ohne Rücksicht auf seine Anwesenheit, ja gerade in seiner Abwesenheit, sollen sie ihr Heil mit Furcht und Zittern wirken. Dieser Aufruf überrascht in einem Schreiben des Apostels Paulus, da nach ihm die Rechtfertigung des Menschen nicht aufgrund von Werken, sondern aus Gnade erfolgt (vgl. Röm 3,21–24). Er hat mancherlei Erklärungsversuche hervorgerufen. Man wollte den Akzent nicht so sehr auf das Tun legen, sondern mehr auf »Furcht und Zittern« angesichts des göttlichen Handelns, wie es im Christushymnus zutage tritt. Dieses Heilshandeln Christi darf nicht zum Gericht ausschlagen (vgl. *G. Friedrich* 154). Oder aber man schränkte die Bedeutung ein. An Stelle von »vollbringen, wirken« deutete man das Verbum als »ganz vollenden, Frucht bringen zu lassen, was schon geschenkt ist« (*J.-F. Collange* 97 f.). Auch wird erwogen, »mit Furcht und Zittern« nicht auf Gott zu beziehen, sondern auf den Umgang der Menschen miteinander in der Bedeutung von: »mit Respekt«. Manche dieser Vorschläge lassen sich vom Text her wenig überzeugend vertreten. Das gilt von dem Bemühen, das das Tun, zu dem aufgefordert wird, weniger betont als die Beifügung: mit Furcht und Zittern, aber auch von dem Versuch, der es nur als abschließendes, zur Vollendung bringendes Handeln verstehen will. Ebenso wird in der Aufforderung zum Handeln »mit Furcht und Zittern« mehr enthalten sein als ein Aufruf zur respektvollen Begegnung untereinander.

Paulus geht es um eine Ermahnung der Gemeinde zu ernster Bereitschaft, da Gott an ihr sein Werk begonnen hat (vgl. 2,5–11). Unter »Wirken des Heils« ist dabei, dem Inhalt nach, alles das zu verstehen, was er an Ermahnungen ausgesprochen hat und noch aussprechen wird. Es geht freilich nicht eigentlich um das Heil eines jeden einzelnen, sondern um das Heil der Gemeinde insgesamt. Vielleicht erleichtert dieser Blick auf die Gemeinde Paulus die zugespitzte Formulierung. Dieser Aufruf aber erfährt seine stärkste Begründung durch die Versicherung: Gott ist es, der unter ihnen das Wollen und Vollbringen wirkt. Gottes Wirken erstreckt sich in seinem Umfang so weit wie das Handeln der Gemeinde. Es umfaßt insbesondere die zwischenmenschlichen Beziehungen innerhalb der Gemeinde, aber auch das Durchstehen von Leid und das Bleiben im Wort des Lebens (vgl. 1,27–30; 2,16). In all dem wirkt Gott das Wollen und Vollbringen. Eine nicht geringere Schwierigkeit ist der Zusatz, den die Einheitsübersetzung so wiedergibt: »Denn Gott ist es, der in euch das Wollen und das Vollbringen bewirkt, noch über euren guten Willen hinaus.«

Das würde bedeuten: Gottes Wirken übertrifft noch die guten Absichten des Menschen.

Die Schwierigkeit dieser Deutung liegt darin, »daß eine solche Äußerung an Banalität grenzt« (*J. Gnilka* 150). Außerdem muß sie mit einer unschönen Doppelung rechnen, da der menschliche Wille im Satz dann zweimal genannt wird.

Eine zweite Erklärung versteht den Vers 13 von Gott, der mit seinem Tun das gegenseitige Wohlwollen, das gegenseitige Einvernehmen fördert, das die Gemeinde bestimmen soll (*J.-F. Collange* 99). Aber als Begründung für Vers 12 erwartet man mehr Deutlichkeit.

Daher beziehen andere Ausleger den umstrittenen Ausdruck auf das Wohlgefallen Gottes. Gottes Huld sei die Ursache für das göttliche Eingreifen. Der Vers 13 »stellt ... mit Nachdruck Gott als den gnädigen Wirker und Bewahrer ihrer Gemeinschaft heraus« (*J. Gnilka* 150). Andere denken mehr an den göttlichen Willensentschluß. Gott führe das Wollen und Wirken der Gemeinde »in die Richtung, die seinem göttlichen Willen entspricht« (*M. Dibelius* 83). Dabei wird man sogar an den erwählenden, göttlichen Willensratschluß denken dürfen. Eine solche

Erwählung hat die Gemeinde getroffen, und deshalb steht Gott hinter ihrem Wollen und Handeln. Dieses Verständnis verleiht der Aussage das erforderliche Gewicht und findet überdies einen Anhalt in den Texten von Qumran (vgl. 1 QS VIII,6; XI,15–17; 1 QH IV,32f.; XI,9). Damit erhält auch der Aufruf an die Gemeinde, sich mit aller Ernsthaftigkeit um ihr Heil zu mühen, ein unerschütterliches Fundament.

Paulus spricht zu einer Gemeinde, die Verfolgung erleidet und um Einmütigkeit ringt. Im Blick auf Jesus Christus, den Gehorsamen, dem sie angehört, fordert er auch von ihr die Bereitschaft zu Verfolgung und Wahrung der Einheit. Wenn sie auf diese Weise ihr Heil schafft, darf sie aber davon überzeugt sein, daß Gott dieses längst über sie verfügt hat und deshalb in unlösbarer Ursächlichkeit ihr Wollen und Tun bewirkt. Das hat nichts damit zu tun, als ob die Gemeinde so ihr Heil verdienen könnte. Doch muß der Apostel auch verhüten, daß die Philipper der irrigen Meinung verfielen, als ob sie nur passiv das Heil entgegenzunehmen hätten. Die göttliche Erwählung und sein Wirken unter ihnen ist vielmehr höchste Verpflichtung zu eigenem Handeln. Für Paulus sind dabei Spekulationen darüber, wie Gottes Vorherbestimmung und menschliche Freiheit aufeinander bezogen sind, unerheblich. Hier gilt, was J. Ernst bei anderer Gelegenheit schreibt: »Für eine systematische Theologie mögen sich daraus Schwierigkeiten ergeben, aber das ist nicht das Problem eines so eigenständigen Kopfes, dessen Ideen sich auf sehr verschiedenen Ebenen bewegen können« (*J. Ernst* 80).

Nach dieser grundsätzlichen Feststellung wendet sich der Apostel einer umfassenden Ermahnung zu. All ihr Handeln geschehe ohne Murren und Bedenken. Was die Gemeinde zu ertragen hat, was ihr als Verpflichtung auferlegt ist, das möge sie in innerer Bereitschaft verwirklichen. Paulus kann um so mehr zu solchem Verhalten auffordern, als ihr unmittelbar vorher versichert wurde, daß Gott als Bewirkender hinter all ihrem Tun steht. Wer sich daher den Anforderungen entzieht, verweigert sich zuallererst Gott. Das Murren des Volkes gegenüber Gott und die von ihm erwählten Führer begegnet im Alten Testament besonders im Zusammenhang mit dem Durchzug durch die Wüste (Ex 15,24; 16,2.7ff.12; Num 14,2; 17,6.20.25 u.a.). Paulus nimmt in 1 Kor

10,10 ausdrücklich darauf Bezug. Im Murren bekundet das Volk seinen Zweifel an der Treue Jahwes, der es aus Ägypten herausgeführt hat. Wird es in der Wüste zu trinken haben (Ex 15,24) und zu essen (Ex 16,7ff.12)? Murrend bestreiten sie die Führungsautorität des Mose und Aaron (Num 16; 17).

Beides, die Gefahren, die die Gemeinde zu bestehen hat, und die Aufforderung zur gegenseitigen Unterordnung im konkreten, alltäglichen Gemeindeleben, könnten für die Philipper Anlaß zu einem ähnlichen Verhalten werden, das sich gegen Gott wendet. Mit dem Verzicht auf Murren soll sich der Verzicht auf berechnendes, mißtrauisches Bedenken verbinden. Nach dem Zusammenhang wird auch diese zu verwerfende Haltung als gegen Gott gerichtet gedacht sein. Vertrauensvoll und ohne Berechnung ist der Dienst an Gott und in der Gemeinde zu erfüllen. Dadurch erweisen sie sich ohne Tadel inmitten einer verkommenen Welt. Dreimal betont er die Lauterkeit, und beim dritten Mal verbindet er im Vers 15 das Adjektiv untadelig mit dem Ausdruck: Kinder Gottes. Darin mag ein erneuter Appell an ihre Berufung liegen. Die Gotteskindschaft gründet im Empfang des Geistes Gottes und Jesu Christi. Im Geistbesitz aber liegt auch die Verpflichtung, diesem Geiste gemäß zu wandeln (vgl. Röm 8,16f.; Gal 5,25f.). Oder denkt er an die Abschiedsszene in Dtn 32,5, wo Mose das Volk Israel als tadelnswertes, verdrehtes und verkehrtes Geschlecht bezeichnet? Im Gegensatz zu Israel sollen sich die Christen diesem Vorwurf nicht aussetzen!

Freilich sind in unserem Brief mit dem verkehrten Geschlecht all jene gemeint, mit denen die Christusgemeinde von Philippi zu leben hat, gleich ob Juden oder Heiden. Ob der Apostel hier wieder an einen möglichen endgültigen Abschied von seiner Gemeinde denkt? Die Rede des Mose (Dtn 32,5), auf die er vielleicht anspielt, legt es jedenfalls nahe. Wie sehr sich die Gemeinde Jesu Christi von allen anderen abheben soll, verdeutlicht Paulus mit dem Bild vom Licht bzw. von den Lichtträgern. Mehrfach hat das Alte Testament und das Judentum das Bild vom Licht, das die Welt erleuchtet, verwendet. Die Schüler des Rabbi Jochanan ben Zakkaj (gest. um 80) z.B. redeten ihren sterbenden Meister an mit »Leuchte der Welt«. Das gleiche wird von Israel ausgesagt, indem es mit dem Öl verglichen wird: Wie dieses der

Welt Licht spendet, so ist Israel das Licht für die Welt. Wenn nun die christliche Gemeinde Licht in der Welt sein soll, dann bedeutet das, daß ihr Anderssein nicht zur Abgrenzung führen darf, sondern daß sie gerade dadurch Zeugnis für die Welt zu sein hat. In einer Umwelt, die in ihren religiösen und sittlichen Auffassungen als verdreht bezeichnet werden muß, soll das Leben der Christen als ein Richtungsweiser aufscheinen. Ihr Sein und ihr Tun hat für die anderen erhellend zu sein. Darüber hinaus liegt Paulus am Herzen, daß sie am Wort des Lebens festhalten. Nur an dieser Stelle umschreibt der Apostel auf solche Weise das Evangelium, das Leben bewirkt (vgl. Phil 1,14). Andernorts bekennt er dasselbe, wenn er schreibt, daß er sich des Evangeliums nicht schämt, da es Macht Gottes ist zum Heil für jeden, der glaubt (Röm 1,16). Heil oder Leben meinen ein und dasselbe. Auch wenn das Evangelium vor allem die Botschaft vom Kreuz als das Heilsereignis enthält (1 Kor 1,18), so sieht der Apostel gerade darin Gottes Kraft und Gottes Weisheit (1 Kor 1,24) für die, die berufen sind. Er und seine Gemeinde wissen, daß das Evangelium Gnade Gottes ist, aber ebenso unerläßlich ist es, zu dieser Frohen Botschaft zu stehen, sich an ihr festzumachen. Sonst ist alles gefährdet. Und da Paulus sich mit der Verkündigung des Evangeliums von Gott betraut wußte und darin seine Lebensaufgabe erkannte, das Wort des Lebens bis an die Grenzen der Ökumene zu tragen, wirkt der Glaube oder Unglaube seiner Gemeinden auch auf ihn zurück. Halten sie an der Botschaft von Jesus Christus fest, dann hat er seine Aufgabe zur vollen Zufriedenheit erfüllt, dann wird er am Tag des Herrn, am Tag der endgültigen Bewährung, als guter Knecht erfunden werden. »Paulus denkt (also) nicht nur von der gegenwärtigen Christusgemeinschaft her, welche im Tode ihre Vollendung findet (1,23), sondern er hält auch Ausschau und wartet auf den Tag Christi, der ihm die Anerkennung für seinen Dienst am Evangelium bringen wird« (*J. Ernst* 82). Doch versteht er diese Anerkennung nicht als selbstsicheres Sich-rühmen-Können; zu sehr weiß er sich in all seinem Tun als Werkzeug Gottes und Jesu Christi (vgl. 1 Kor 3,5–9), abhängig von der Gnade Gottes (1 Kor 15,10). Wenn er sich in der Beschreibung seines apostolischen Dienstes des Bildes vom Läufer in der Rennbahn (vgl. Gal 2,2) bedient, so wendet er andernorts das gleiche Bild auch auf die Christen an, um sie zur Treue dem Evangelium gegenüber anzuspornen (vgl. 1 Kor 9,24.26; Gal 5,7). Mit dem Wort vom »Sichabmühen« aber charakterisiert er in seinen Briefen nur die Tätigkeit der Verkünder.

Die Erwähnung des Tages Christi und der Verweis auf die Mühen seiner apostolischen Tätigkeit bringen ihm seine mögliche Verurteilung wieder in Erinnerung. Aber sie kann ihn nicht schrekken, denn er betrachtet seine Lebenshingabe als Gott erwiesenes Opfer. Umstritten ist freilich, ob Paulus sein Wirken unter den Philippern ausdrücklich diesem Opfer zurechnet. Eine Reihe von Kommentatoren versteht es so und übersetzt ähnlich wie G. Friedrich: »Aber wenn ich auch bei der Darbringung des Opfers und beim Priesterdienst eures Glaubens als Trankopfer ausgegossen werde, so freue ich mich und freue mich mit euch allen« (*G. Friedrich* 154). Auch der Text der Einheitsübersetzung scheint dieser Auffassung zu folgen. Doch kann man dagegen einwenden: »Wenn man ... das Trankopfer des Apostels, das seinen bisherigen Dienst an ihnen vollenden würde, den zentralen Gedanken des Vordersatzes sein läßt, ... ist schwer einzusehen, warum sich die Gemeinde darüber freuen sollte. Sie hatte wirklich von sich aus keinen Anlaß, den Tod ihres Apostels freudig zu begrüßen« (*J. Gnilka* 154). Liegt es nicht näher, daß der Apostel in dem Augenblick, da er von seinem Lebensopfer spricht, nicht lange dabei verweilt, sondern seine Gedanken zur Gemeinde weitereilen, zu ihrem Opferdienst des Glaubens, der bei ihm und bei ihnen Ursache der gemeinsamen Freude ist? Der ganze Abschnitt spricht ja vor allem vom Bemühen der Gemeinde. Da liegt es nahe, daß am Ende sich Paulus trotz aller Mahnungen, ja gerade deshalb, über die Freude äußert, die er ihres Glaubens wegen empfindet, und die Christen von Philippi zur Mitfreude aufruft.

IV. Die Pläne des Apostels (2,19–30)

1. Die Mission des Timotheus (2,19–24)

Im folgenden stellt der Apostel Überlegungen an über Pläne, die er in naher Zukunft in die Tat umsetzen will. Eine erste Planung betrifft die Entsendung des Timotheus nach Philippi.

Als Gefangener kann er freilich nur hoffen, daß ihm dies möglich sein wird, da er noch die Entwicklung seiner eigenen Angelegenheiten abzuwarten gedenkt (V. 23). Davon soll dann Timotheus der Gemeinde Kunde geben. Gleichwohl sind solche Planungen für Paulus nicht vage Möglichkeiten, nur bestimmt von allerlei Bedenken. Er ist vielmehr getragen von gewisser Hoffnung, denn er gründet sein Hoffen auf den Herrn. Er wird den Ausgang des Prozesses so fügen, daß Paulus weiterhin für seine Gemeinde arbeiten kann. Seinen Begleiter Timotheus hat Paulus öfter mit ähnlichen Aufgaben wie dieser betraut. Er sandte ihn nach Thessalonich, um die dortige Gemeinde in ihren Bedrängnissen zu bestärken, aber auch um sich selbst darüber zu vergewissern, ob die Thessalonicher im Glauben und in der Treue zu ihrem Apostel feststünden (1 Thess 3,2.6). Timotheus ging auch nach Korinth (1 Kor 4,17), um die dortige Gemeinde an die Weisungen des Apostels zu erinnern. Ausdrücklich ermahnt Paulus die Korinther, seinen Abgesandten mit allem Respekt aufzunehmen. Möglicherweise bestand die Gefahr, daß sie ihn nicht als gleichwertigen Ersatz für den in der Ferne weilenden Apostel akzeptierten (1 Kor 16,10f.). Paulus rechnet mit einer baldigen Klärung seines Geschicks, denn er hofft, Timotheus schnell zu entsenden. Daran lag ihm sehr, damit er wieder guten Mutes sein könne, wenn er erfuhr, wie es um sie steht. Wenn auch verhalten, so offenbart sich doch in solchen Worten die Sorge des Apostels, daß in Philippi die Entwicklung zu einer gewissen Beunruhigung Anlaß gab. »Schon die eindringlichen Mahnungen von 1,27–2,4 deuteten ja darauf hin, daß Paulus von gewissen Unstimmigkeiten in der Gemeinde gehört hatte« (*G. Barth* 52f.). Hier sollte wohl Timotheus als Abgesandter und somit autoritativ Beauftragter des Apostels zur Klärung der Verhältnisse beitragen. Deshalb empfiehlt ihn Paulus mit so warmen Worten. Er stellt ihm das Zeugnis aus, daß es keinen gleich Trefflichen gibt, der sich so ehrlich um ihre Angelegenheiten sorgt. Der Vergleich betrifft natürlich nicht ihn, Paulus selbst, sondern die übrigen Mitarbeiter in seiner Umgebung. Solche Worte zeugen von der hohen Wertschätzung des Timotheus durch den Apostel, aber auch davon, daß Paulus wohl nichts von einer routinierten Seelsorge halten würde, die seelenlos abläuft. Durch sein inneres Betroffensein und sein Engagement hebt sich Timotheus von den übrigen ab. Er sorgt sich um die Sache Jesu Christi, die andern haben nur ihre eigenen Interessen im Sinn. Wer sind diejenigen, die hier in erstaunlicher Umfassendheit mit dem Vorwurf des Eigennutzes bedacht werden? Sicherlich handelt es sich nicht »um eine grundsätzliche kritische Feststellung des Apostels ... oder um eine Art Altersresignation eines müde gewordenen und vielfach enttäuschten Mannes, sondern einfach um eine nüchterne Beurteilung der Verhältnisse in seiner nächsten Umgebung« (*J. Ernst* 85). Bereits in 1,15 ff. beklagte er ja, wie sehr unter den Verkündern aus seiner derzeitigen Umgebung Mißgunst und Streitsucht herrschen. Aber dort erwähnt er auch solche, die in lauterer Absicht Christus verkünden.

Der Kreis der hier Gemeinten ist noch mehr einzugrenzen, wir haben die engeren Mitarbeiter des Apostels darunter zu verstehen. Der Vergleich mit Timotheus legt eine solche Vermutung nahe. Wenn an ihnen so herbe Kritik geübt wird, könnte dahinter auch ein wenig die Absicht des Paulus stehen, auf diese Weise den Timotheus besonders herauszuheben. Es wird sich schwerlich erweisen lassen, daß diese Leute »wohl kaum bloß persönliche Animositäten, sondern auch theologische Differenzen« mit Paulus hatten. G. Barth rechnet mit der Möglichkeit, daß sie »ähnlich den Gegnern im 2. Korintherbrief sich ihres Geistesbesitzes und ihrer Wundertaten rühmten und die paulinische Kreuzestheologie ablehnten ...«. Dann ließe sich seiner Meinung nach »eher verstehen, daß sie nach Meinung des Paulus ›das Ihre suchen, nicht die Sache Christi‹« (*G. Barth* 52).

Aber bereits aus dem Vers 20 wird ersichtlich, wonach Paulus den Dienst an der Sache Jesu Christi beurteilt, nämlich an der Fürsorge um die Gemeinde Christi.

Nur kurz kommen diese enttäuschenden Mitarbeiter in den Blick; eigentlich geht es dem Apostel nur um seinen getreuen

Gefährten Timotheus. Den aber braucht er kaum zu empfehlen, denn die Philipper selbst wissen ja um seine Bewährung. Er war schließlich der Begleiter des Apostels, als dieser ihre Gemeinde gründete. Mit überschwenglichen, den geordneten Satz sprengenden Worten beschreibt er seinen Einsatz von damals. Einerseits will er hervorheben, wie ihre gegenseitige Beziehung der eines Sohnes zum Vater entspricht (vgl. 1 Kor 4,17, wo Paulus Timotheus als geliebtes und im Herrn getreues Kind bezeichnet), getragen von Liebe und Autorität zugleich, andererseits aber liegt ihm daran, zu zeigen, daß sie beide – und nun im gemeinsamen Dienst – Knechte für das Evangelium waren.

Noch einmal kommt Paulus im Anschluß an die Charakterisierung des Timotheus auf seine Absicht zurück, diesen nach Philippi zu senden. Doch präzisiert er sie jetzt dahingehend, daß er ihn erst dann senden wird, aber dann sogleich, wenn er selber seine eigene Lage überblickt.

Es ist der unausgesprochene Wunsch des Apostels, sein so vertrauter Mitarbeiter möge bei ihm sein, wenn die Entscheidung fällt. Dann sogleich wird er die Gemeinde davon in Kenntnis setzen. Paulus ist überzeugt, daß in Bälde so oder so entschieden wird. Freilich geht all seine Erwartung auf einen Freispruch. Aber gerade dann, wenn ein Todesurteil gefällt werden sollte, ist Timotheus um so notwendiger in seiner Nähe, als er ihm in einem solchen Fall noch wichtigere Anordnungen zu geben hat. Doch dieser Gedanke steht gewiß nicht im Vordergrund, denn Paulus selbst ist voll Zuversicht, die freilich nicht aus eigenem Vermögen kommt, sondern im Herrn gründet. Er rechnet fest damit, daß er selbst in Bälde seine Gemeinde besuchen kann.

2. Rückkehr des Epaphroditus (2,25–30)

War von Paulus die Entsendung des Timotheus nach Philippi für die Zukunft vorgesehen, so hatte er seinen Entschluß, Epaphroditus dorthin zurückkehren zu lassen, bereits in die Tat umgesetzt, als die Philipper den Brief des Apostels zu lesen bekamen (V. 28). Daraus wird man entnehmen dürfen, daß Epaphroditus Überbringer des Briefes war; in den Versen 25–30 hat er ihm ein Empfehlungsschreiben ausgestellt. Epaphroditus ist uns nur aus dem

Philipperbrief bekannt (Phil 2,25; 4,18). Man kann ihn nicht mit Epaphras, der als Mitarbeiter des Paulus in Kol 1,7; 4,12 und Phlm 23 genannt wird, gleichsetzen, auch wenn Epaphras Kurzform von Epaphroditus sein kann. Denn der im Kolosserbrief genannte Epaphras stammte nicht aus Philippi, sondern aus Kolossä (Kol 4,12) und der in Phlm 23 »Genannte befindet sich mit Paulus zusammen im Gefängnis, was zumindest nicht zur Situation des Philipperbriefes paßt« (*G. Barth* 53). Mit nicht weniger als fünf Attributen belegt ihn Paulus gleich zu Beginn. Er nennt ihn Bruder. Das, was sie zutiefst verbindet, ist ihr gemeinsames Christsein. Allerdings überrascht es ein wenig, wenn Epaphroditus der Gemeinde gegenüber, der er selbst entstammt, als Christ bezeichnet wird. Vielleicht äußert sich im Brudernamen darüber hinaus eine besondere Zuneigung des Apostels, die im gemeinsamen Bemühen um die Verkündigung des Evangeliums gründete. Denn er erhält auch die lobenden Beifügungen eines Mitarbeiters und Mitstreiters. Mitarbeiter nennt Paulus all jene, die sich zusammen mit ihm im apostolischen Dienst mühen, wobei ihr Einsatz bisweilen mit höchstem Risiko verbunden ist (vgl. Röm 16,3 f.). Dies will Paulus offensichtlich bewußt hervorheben, indem er Epaphroditus ausdrücklich mit dem von Paulus nur noch einmal verwendeten (Phlm 2) Titel eines Mitstreiters belegt. Er hat mit ihm Seite an Seite für die Sache des Evangeliums gestritten unter all den Gefahren, die mit einem solchen Kampf gegeben sind. Solcher Einsatz betraf »die Zeit des Aufbaus der Gemeinde«, aber auch »seinen Dienst am Gefangenen« (*J. Gnilka* 162). Da nun die Gemeinde erfahren hat, wie Paulus zum Überbringer des Briefes steht, erinnert er durch die weiteren Attribute daran, in welcher Beziehung der Abgesandte zu ihnen selbst steht. Er war ihr Delegierter (vgl. 2 Kor 8,23), der in ihrem Auftrag durch Überbringung von Gaben seiner Not zu Hilfe kam und ihm an ihrer Stelle zu Diensten stand, eine Tätigkeit, die Paulus nicht als eine bloß profane Dienstleistung, sondern als eine Art Gottesdienst ansah (vgl. Phil 4,18). Die Verhältnisse in den antiken Gefängnissen legten eine solche Unterstützung dringend nahe. Die Verköstigung war zum Verhungern schlecht, allerdings war der Zugang zu den Gefangenen eher möglich als heute. Sie waren nicht so streng von der Umwelt abgeschlossen und konnten daher von Angehörigen mit dem Nötigsten versorgt werden. Nach dem Willen der Philipper sollte wohl Epaphroditus für längere Zeit dem Apostel in seiner Gefangenschaft zur Verfügung stehen. Deshalb betont dieser, daß er selber es für nötig erachtete, den Gemeindeapostel zurückzusenden. Die Initiative geht also nicht von Epaphroditus aus, sondern von Paulus. Epaphroditus ist somit gegenüber seiner Gemeinde entlastet. Als Grund für diesen Entschluß nennt Paulus: »Er (Epaphroditus) sehnte sich danach, euch alle wiederzusehen, und war beunruhigt, weil ihr gehört hattet, daß er krank geworden war« (V. 26). Die abschließende Bemerkung zeigt, daß es offensichtlich ohne größere Schwierigkeiten möglich war, Nachrichten zwischen der Gemeinde von Philippi und dem Aufenthaltsort des Apostels auszutauschen. Was freilich Paulus als für seine Entscheidung ausschlaggebend mitteilt, ist öfter zum Nachteil des Epaphroditus gedeutet worden. Plagte ihn ein großes Heimweh, dem der Apostel schließlich nachgab? Man könnte sich denken, daß eine schwere Erkrankung in der Fremde ein solches verursachte. Litt er gar unter Depressionen? Oder war es umgekehrt? Hatte der junge Mann Sehnsucht nach zu Hause und ist deshalb krank geworden? (vgl. *J. Ernst* 87). Allerdings wird ein Zusammenhang von Heimweh und Krankheit im Brief nicht erwähnt. Bestehen solche Überlegungen aber zu Recht, dann hat Paulus in sehr vornehmer Art diese Schwächen der Gemeinde gegenüber positiv gedeutet. »Das Heimweh wird als Verlangen nach ihnen allen ausgelegt ... Die Krankheit ... als Sorge der Gemeinde hingestellt« (*J. Gnilka* 163), während tatsächlich die Philipper sich seiner Krankheit gegenüber skeptisch verhielten.

Doch gibt es auch die Meinung, daß kein Versagen oder irgendwelche Schwächen des Epaphroditus vor den Philippern zu verteidigen waren. Wenn Paulus davon spricht, daß Epaphroditus nach seiner Heimatgemeinde Verlangen trug, so hat gerade das entsprechende griechische Wort bei Paulus »nirgends auch nur die Spur eines negativen Klangs, hat nie die Nuance ›Heimweh haben‹, sondern ist immer im positiven Sinne als eine Auswirkung christlicher Verbundenheit ... verstanden« (*G. Barth* 54). Die Breite des Begleitschreibens erklärt sich »leicht, wenn sein Aufenthalt bei Paulus der schweren Krankheit wegen früher abgebrochen wurde als ursprünglich geplant, und wenn Paulus andererseits seinen

Dank gegenüber Epaphroditus zum Ausdruck bringen wollte« (a.a.O., S. 54). Es fällt auf, daß Paulus in Vers 28 ausdrücklich hervorhebt, er sende den Epaphroditus, damit sie sich wieder freuen, wenn sie ihn sehen. Das spricht dafür, daß die Gemeinde tatsächlich in großer Sorge war, ob sie ihren Abgesandten nochmals sehen würden. Vielleicht wurde sogar aus Philippi selbst ein verhaltener Wunsch an Paulus herangetragen, Epaphroditus früher als ursprünglich geplant zurückzuschicken.

Jedenfalls bestätigt Paulus, wie sehr ihre Sorge berechtigt war, denn Epaphroditus war dem Tode nahe. Nur dem Erbarmen Gottes verdankt er seine Genesung. Und darin erwies sich Gottes Erbarmen auch an ihm. Bedenken wir die gegenwärtige Lage des Apostels, seine Gefangenschaft, dann noch die Schwierigkeiten, die in der Gemeinde seines Gefangenschaftsortes aufgetreten waren, dann wird man verstehen, wie sehr ihn der Tod eines engagierten Mitarbeiters, der noch dazu von der ihm so nahestehenden Gemeinde von Philippi kam, getroffen hätte. Jetzt aber, da er wieder genesen ist, soll dessen Ankunft, dessen leibhaftige Gegenwart, nicht nur ein beschwichtigender Brief, ihre Sorgen zerstreuen. Paulus selbst aber ist dadurch eines Kummers ledig, den er im Blick auf die besorgte Gemeinde hatte.

Die betonte Aufforderung an die Gemeinde, Epaphroditus nun im Herrn, »so wie es sich unter Gläubigen schickt« (*J. Gnilka* 164), mit aller Freude aufzunehmen (V. 29), bedeutet nicht, daß es für dessen Aufbruch noch andere Ursachen gab als seine Krankheit oder daß die Gemeinde von Philippi ihm sein Verlassen des Paulus als Versagen ausgelegt hätte, weshalb sich der Apostel für ihn besonders verwenden wollte. Klänge es nicht wie Zynismus, wenn er Mißtrauische und Verärgerte zu großer Freude über die Ankunft des vermeintlich Schuldigen aufrufen wollte? Müßte er da nicht direkter werden? Liegt nicht näher, daß Paulus abschließend noch einmal die Leistung ihres Abgesandten besonders hervorheben wollte ohne solche negative Abzweckung?

Im Einsatz für das Werk Christi – der Apostel ist ganz seiner Sendung untergeordnet – hat sich Epaphroditus nicht geschont, so daß seine Krankheit zur Lebensgefahr wurde. Er setzte sein Leben aufs Spiel, um das zu ergänzen, was ihrem Dienst für Paulus noch mangelte. Wenn auch sein Aufenthalt und damit seine Hilfe für den Apostel abgekürzt wurde, so war dieser Mangel durch den hohen Einsatz, den er brachte, ausgeglichen worden. Ein großartiges Dankeschön für den Gesandten und die Sendenden.

V. Das Leben des Christen – das Vorbild des Apostels (3,1 – 4,9)

1. Standhaftigkeit im Glauben (3,1–6)

Probleme der Einheitlichkeit des Briefes

Paulus erwähnt gegen Schluß des zweiten Kapitels seine Pläne für die nächste Zukunft. Mit dem Brief wird er zugleich den Epaphroditus in seine Heimatgemeinde nach Philippi zurücksenden. Ferner beabsichtigt er, bald seinen Mitarbeiter Timotheus dorthin zu entsenden. Und schließlich will er selbst sie in Kürze wieder sehen. Solche Überlegungen weisen darauf hin, daß Paulus den Brief zu beenden gedenkt. Auch der Aufruf zur Freude (3,1) fügt sich gut in diese Absicht. Aber jäh schlägt die Stimmung um. In 3,2 beginnt eine harte Auseinandersetzung in einer Tonart, die einem Briefschluß zuwiderläuft, eingeleitet mit der Warnung: »Hütet euch vor den Hunden!«

Man hat zur Erklärung eines solchen Stimmungsumschwungs auf die Tatsache verwiesen, daß wir es mit einem Gelegenheitsbrief zu tun haben, wo solche Schwankungen der Gemütsbewegungen gut möglich seien. Es könnte auch eine Diktierpause die Veränderung der Sprache und des Inhalts bewirkt haben. Zwei Probleme werden sich freilich bei Annahme der Einheitlichkeit des Briefes, trotz aller möglichen psychologischen und technischen Erklärungsversuche, schwer lösen lassen. Durch die polemischen Darlegungen wird der literarische Zusammenhang von 3,1 und 4,4 zerrissen. 4,4 scheint doch die unmittelbare Fortsetzung von 3,1 zu sein. Die kurze Zwischenbemerkung von 4,2f. bereitet keine Schwierigkeiten. Sodann verweist die Ketzerpolemik, wie man 3,2 – 4,1 kurz bezeichnen könnte, auf eine gänzlich anders geartete Gemeindesituation. Der ursprüngliche Brief setzt Gegner voraus, die von außen die Gemeinde bedrängen. Ab 3,2 aber wendet sich Paulus an seine Gemeinde, um vor Leuten zu warnen, die sie von innen her gefährden. Es sind Christen, die aufgrund ihres Falschglaubens den Philippern zur Versuchung werden können. Er wirft seine volle Autorität in die Waagschale (3,17), damit die

Philipper nicht von den schlechten Arbeitern verführt werden. Es fehlt im dritten Kapitel auch eine Reihe von Motiven, die sonst im Brief nicht zu übersehen sind (Freude; ein sehr persönlicher Ton; die Verknüpfung des Evangeliums mit dem Schicksal des Apostels; die rechte gegenseitige Gesinnung; vgl. dazu *J. Gnilka* 8 f.).

Hat man sich durch solche Argumente davon überzeugen lassen, daß das dritte Kapitel ursprünglich nicht Teil des Gefangenschaftsbriefes war, dann steht man immer noch vor dem Problem des Übergangs in 3,1. Gehört der zweite Teil des Verses 1 bereits zur Polemik oder ist dieser Halbvers noch zum Vorausgehenden zu rechnen?

Viele Erklärungen entscheiden sich für das erstere. Es sei doch sehr schwierig, den Aufruf zur Freude mit der Feststellung zu verbinden, daß ihnen dasselbe zu schreiben ihm nicht lästig sei und ihnen zur Sicherheit gereiche. Diese Kundgabe eines immer wieder aufgenommenen Bemühens passe doch eher zu einer Warnung vor den Irrlehrern, vor denen die Gemeinde geschützt werden müsse, auch wenn die Gefahr besteht, daß er ihnen dadurch lästig wird. Wenn diese Deutung richtig ist, dann muß aufgezeigt werden, wann Paulus den Philippern eine solche Warnung schon öfter zukommen ließ, so daß sie ihrer überdrüssig wurden. Hat Paulus in einem oder mehreren Briefen an die Gemeinde von Philippi das gleiche Thema bereits verhandelt, und ist dieser Briefwechsel verlorengegangen? Nach Gnilka ist es nicht nötig, »einen verlorenen Brief zu postulieren ... Wenn sich Paulus wiederholt, wird das ein Hinweis darauf sein, daß er inzwischen ihnen Gleiches mündlich sagte. Er war zwischenzeitlich, nachdem er aus dem Gefängnis in Ephesus entlassen wurde, in Philippi und schickt ihnen jetzt, wahrscheinlich von einem Ort des griechischen Festlandes aus, eine erneute Warnung« (*J. Gnilka* 185). Doch wendet man gegen diesen Vorschlag ein, daß dann der Ausdruck »dasselbe zu schreiben« in seiner Exaktheit als ein mehrfacher, schriftlicher Vorgang nicht beachtet würde. Angesichts solcher Schwierigkeiten sehen andere Erklärer Vers 1a und 1b als eine Einheit. »Paulus hat ja im Vorangehenden immer wieder von der Freude geschrieben und zur Freude aufgerufen (1,4.18.25; 2,17f.28f.). Er empfindet offenbar selbst, daß er sich wiederholt; aber er nimmt die Wiederholung in Kauf, weil ihm der Aufruf zur Freude wichtig ist und er die

Gemeinde ›fest macht‹« (*G. Barth* 55). Die Schwierigkeit dieses Ansatzes liegt im »Festmachen« der Gemeinde. Wie soll der häufige Aufruf zur Freude die Gemeinde fest machen? Dazu erläutert Barth, daß »Freude ein Wesensmoment des Glaubens (Phil. 1,25; 2. Kor. 1,24), Frucht des Geistes (Gal. 5,22; 1. Thess. 1,6; Röm. 14,17)« sei. »Der Aufruf, sich ›im Herrn‹ zu freuen, bewirkt... im Hörer die Erinnerung an das, was ihm durch den Herrn geschenkt ist, lenkt seinen Blick auf den Herrn und die Größe seiner Gabe. Eben dadurch wird der Glaubende ›fest‹« (*G. Barth* 55).

Hält man an der Einheitlichkeit von Vers 1 fest, dann läßt sich auch erklären, weshalb gerade hier ein Späterer die Bekämpfung der Irrlehrer eingefügt hat. Er »war offenbar der Meinung, daß sich die Warnung vor Irrlehrern am besten mit 3,1b verbinden lasse, wo davon die Rede ist, daß Paulus schon oft davon geschrieben habe, und dies die Gemeinde ›fest‹ machen solle« (a.a.O., S. 55).

Erklärung des Textes

Mit 3,1 leitet Paulus den ursprünglichen Briefschluß ein. Er beginnt mit einem erneuten Aufruf zur Freude, der durch die Bruderanrede noch eine besondere, persönliche Note erhält. Dem Apostel liegt freilich nicht an irgendeiner Allerweltsfröhlichkeit, sondern an der Freude, die aus dem Sein in Christus herkommt, im Christsein gründet. Den Glaubenden in dieser Freude zu dienen, war dem Apostel ein besonderes Anliegen (2 Kor 1,24).

Wer in solcher Freude lebt, der ist darin unabhängig von äußeren Gegebenheiten. Selbst im Gefängnis und in akuter Bedrohung des Lebens bleibt sie erhalten. Der Apostel empfindet aber, daß die häufigen Ermunterungen zur Freude den Philippern unter den gegenwärtigen Umständen doch sehr seltsam erscheinen müssen. Daher betont er, daß ihm diese wiederholten Aufrufe nicht lästig sind, zumal die Gemeinde dadurch Festigkeit im Glauben erlangt.

In Vers 2 ändern sich Thema und Stimmungslage abrupt. Mit beißender Schärfe warnt der Apostel die Gemeinde vor Leuten, durch deren Aktivitäten er sie in ihrem Glauben unmittelbar bedroht sieht. Dreimal hebt er mit »Gebt acht auf...!« an und bedenkt jene, vor denen er warnt, mit äußerst abwertenden Prädikaten. Hunde sind sie. Im Orient wird der Hund nicht als Freund des Menschen angesehen, vielmehr gilt er als unrein (Mt 7,6; 2 Petr 2,22). Die Juden verwendeten »Hund« als Schimpfwort für Unwissende, Gottlose und Heiden (vgl. etwa Mt 15,26f.; Offb 22,15). Und selbst im frühen Christentum sprach man so von Ungetauften und Ketzern. Vielleicht wollte Paulus dadurch ihr ketzerisches Treiben brandmarken, oder aber er wollte seinen besonderen Abscheu vor ihnen zum Ausdruck bringen. Sie sind ein verächtliches Gesindel. Wie von Hunden sollten sich die Philipper von ihnen fernhalten.

Im nächsten Warnruf bezeichnet er sie als »schlechte Arbeiter«. Unehrliche, hinterlistige Arbeiter nennt Paulus seine Gegner auch in 2 Kor 11,13. Möglicherweise greift er mit dem Begriff »Arbeiter« eine Selbstbezeichnung dieser Eindringlinge auf, denn im Zusammenhang mit der Missionstätigkeit begegnet uns mehrfach im Neuen Testament dieses Wort (vgl. Lk 10,2: »Die Ernte ist groß, aber es gibt nur wenig Arbeiter«; ähnlich 10,7; ferner 2 Tim 2,15: »Bemüh dich darum, dich vor Gott zu bewähren als ein Arbeiter, der sich nicht zu schämen braucht, ...«; vgl. auch 1 Tim 5,18).

Ironisch bestätigt er ihnen, daß sie Arbeiter sind, aber miserable, solche, die das Evangelium nicht fördern, sondern ihm schaden. Mehr über ihr Selbstverständnis erfahren wir aus der letzten Warnung: »Hütet euch vor der Zerschneidung!« Offensichtlich haben diese Verkünder der Beschneidung, die im Judentum als besonderes Zeichen der Erwählung Israels gilt, auch für die Christen einen hohen Stellenwert zuerkannt. Darin aber sieht Paulus eine Gefahr für die Reinheit der Christusbotschaft. Deshalb charakterisiert er die Beschneidung des Juden als Verstümmelung. Das Wort, das er hierfür benützt, erinnert an die Selbstverstümmelung der Baalpriester in 1 Kön 18,28 und an das Verbot, das in Lev 21,5 an die Priester ergeht, sich irgendwelche Einschnitte am Leib zu machen. In einer für jüdisches Empfinden skandalösen Weise wurde so das Bundeszeichen Israels entwertet und ins Gegenteil verkehrt. Ja noch mehr. Paulus entwindet dem Judentum überhaupt den Anspruch, die Beschneidung zu sein. Die wahre

Beschneidung – so setzt er dagegen – ist in der christlichen Gemeinde anzutreffen, bei der es nicht mehr, wie jene Falschprediger sich rühmten oder gar von den Philippern forderten, auf einen körperlichen Einschnitt ankommt, sondern auf das, was in Entsprechung zu den drei Warnungen im folgenden als drei Vollzüge christlichen Lebens vorgestellt wird.

Das wahre Heilsvolk, die rechte Beschneidung, sind die, die durch den Geist Gottes dienen. Das bedeutet, daß ihr Dienen nicht als eine eigene Leistung beurteilt werden darf, sondern sich dem Wirken des Geistes Gottes verdankt (vgl. Gal 5,22–25). Dadurch unterscheiden sich Paulus und seine Gemeinde von den Eindringlingen in Philippi, die »statt im Glauben auf Gott zu vertrauen, ... nach wie vor auf das jüdische Gesetz und auf das eigene menschliche Können« bauen (*J. Ernst* 93). Das griechische Wort, das der Apostel für »dienen« verwendet, hat eine stark kultische Färbung. So bekundet er, daß alles im Geiste Gottes gewirkte Tun, auch das allerweltlichste, Gottesdienst ist.

Als weiteres Charakteristikum, das der so verstandenen Beschneidung eignet, nennt Paulus polemisch das Rühmen in Christus Jesus. In ihm allein kann sich der Christ rühmen (Gal 6,14); denn umsonst geschah seine Rechtfertigung vor Gott, und zwar in Jesus Christus (Röm 3,24); so ist alles menschliche Rühmen ausgeschlossen (Röm 3,27). Die Bedeutungslosigkeit des eigenen Strebens läßt sich sogar an der Art und Weise ablesen, wie Gott Menschen in die Gemeinde ruft. Es sind vielfach die Letzten in der menschlichen Gesellschaft, damit keiner sich vor Gott rühmen kann (1 Kor 1,28 f.). Das stellt der Apostel noch ausdrücklich fest durch die abschließende Charakteristik: Die wahre Beschneidung hat kein Vertrauen auf das Fleisch. Die Gegner prahlten offensichtlich mit ihren besonderen Vorzügen und verdunkelten dadurch die gnadenhafte Erlösungstat Christi. Man wird vor allem an ihr Judesein, besonders an die Beschneidung und an das Gesetz zu denken haben. Die vorausgehende Betonung des Dienstes durch den Geist Gottes kann auch auf einen eventuellen Anspruch verweisen, daß ihnen der Geistbesitz in besonderer Weise eigen sei. Das alles zählt nicht in der wahren Heilsgemeinde. Paulus verdeutlicht dies im Blick auf seine eigene Person. Auch er hätte hinreichend Vorzüge, deren er sich rühmen könnte. Es erscheint ihm seiner gefährdeten Gemeinde aus dem Heidentum gegenüber notwendig, aufzuzeigen, daß all das Besondere dieser Propagandisten auch von ihm beansprucht werden kann, ja daß er sie sogar noch weit überbieten kann. Freilich ist der Verweis auf den Besitz solcher Vorzüge nur eine Sache des Meinens. Tatsächlich ist Vertrauen darauf nicht möglich. Aber wenn es nun einmal Leute gibt – Paulus macht sich nicht einmal die Mühe, sie näher zu beschreiben –, die damit prahlen, dann kann er aufweisen, daß er noch weit mehr als diese Grund hat, auf das Fleisch zu vertrauen. Die Angegriffenen werden sich ihrer Besonderheiten gerühmt haben, um in der Gemeinde Einfluß zu gewinnen. Dagegen setzt nun Paulus seine Herkunft und seinen Eifer und zeigt dadurch, daß ihm kaum jemand den Ruhm eines Volljuden wird streitig machen können. In vier knappen Bemerkungen verweist er zunächst auf sein Volljudentum der Herkunft nach. Er wurde am achten Tag beschnitten. Die Beschneidung am achten Tag als Zeichen der Erwählung zu vollziehen, forderte Gott von Abraham (Gen 17,12). Vom frühesten Zeitpunkt an also, nach dem es durch Gottes Gebot gefordert war, trug Paulus das Bundeszeichen an sich. Er ist aus dem Volke Israel. Die Zugehörigkeit zum Volk Israel besagt nicht nur eine bestimmte völkische Zuordnung, sie kennzeichnet den Träger dieses Namens zugleich als Mitglied jenes Volkes, das Gott sich aus allen Völkern auserwählte, daß es ihm diene, und dem unverbrüchliche Verheißungen gelten (vgl. Röm 9,4 f.). Mit Stolz hat sich deshalb Paulus als Israelit bezeichnet (vgl. 2 Kor 11,22; Röm 11,1). Schließlich stammt er aus dem Stamme Benjamin. Daraus ging auch Israels erster König Saul hervor. Nach alter Überlieferung stieg dieser Stamm beim Durchzug durch das Rote Meer als erster der Stämme in das Meer hinab und als Belohnung dafür wurde der Tempel in seinem Gebiet erbaut. Gelegentlich wird der Stamm Benjamin als der Edelste Gottes gerühmt, weil sein Stammvater als einziger im Lande Israel geboren wurde. Doch gibt es auch sehr dunkle Seiten in seiner Geschichte (vgl. Ri 19,22–26). Deshalb ist es fraglich, ob Paulus mit der Nennung seiner Herkunft aus Benjamin besonderen Ruhm ernten konnte. Eher wollte er damit lediglich seine Herkunft näher bestimmen. Sodann bezeichnet er sich noch als Hebräer von Hebräern. Dieser in neutestamentlicher Zeit gern für das jüdische

Volk der Vergangenheit verwendete Titel wurde auch auf die Juden angewendet, deren Heimat Palästina war oder die mit Palästina besonders verbunden waren. Paulus will sich wohl durch diese Selbstbezeichnung als Vollblutjuden ausweisen, der wie seine Vorfahren in jeder Hinsicht den väterlichen Gebräuchen und Sitten in seinem Leben entspricht.

Aber nicht nur durch seine Herkunft, auch durch sein Tun kann er sich mit den judaisierenden Falschaposteln messen. Dem Gesetz nach war er ein Pharisäer. Er hatte sich jener jüdischen Richtung angeschlossen, die sich durch unbedingte Treue zum Gesetz und zu seiner vielfältigen Anwendung auf den Alltag hervortat. Darüber hinaus hatte er mit Eifer die Kirche verfolgt. Noch an zwei anderen Stellen (Gal 1,13.23; 1 Kor 15,9) berichtet er von seiner Verfolgertätigkeit, um darzutun, wie unverdient er zum Apostel und Auferstehungszeugen berufen wurde. Hier aber läßt uns der Apostel die Motivation erkennen, weswegen er gegen die Christen vorging. Die Betonung des Eifers zeigt ihn in der Reihe derer, denen der Eifer für Gott Verpflichtung war und die ihr großes Vorbild in der alttestamentlichen Gestalt des Pinhas sahen, der mit Gewalt gegen den Götzendienst in den Reihen Israels vorging (Num 25,11; Sir 45,23; 1 Makk 2,54). Wie Pinhas sah Paulus durch die Kirche die Treue Israels gegen Gott gefährdet und ist dagegen mit Eifer eingeschritten.

Schließlich aber kann er von sich sagen, daß er der Gesetzesgerechtigkeit nach ohne Fehl war. Er bekräftigt dadurch, was bereits im Pharisäer-Sein angeklungen war. In der Treue zum Gesetz und der daraus resultierenden Gerechtigkeit war er unangreifbar. Hier taucht freilich eine Schwierigkeit auf im Blick auf Röm 7. War das Gesetz tatsächlich untadelhaft erfüllbar oder werden an ihm – wie Röm 7 kundgibt – nur Versagen und Sünde offenkundig? Aber diese Problematik greift er hier nicht auf. Sein Ziel in diesem Zusammenhang ist aufzuzeigen, wie sehr er Grund hatte, auf das Fleisch zu vertrauen.

2. Sehnsucht nach voller Gemeinschaft mit Christus (3,7–21)

Alles dies aber, was der Apostel zu Recht als Gewinn betrachtete, verlor in dem für ihn lebensentscheidenden Augenblick vor

Damaskus seine ursprüngliche Wertschätzung. Er bucht es von nun an als Verlust um Christi willen. Die Vorzüge seines Judeseins wurden für ihn nicht etwa nur bedeutungslos; er sieht sie jetzt als Schaden, als einen Negativposten, an.

Wenn Paulus sonst auf das Damaskuserlebnis Bezug nimmt (Gal 1,15 f.; 1 Kor 15,8 ff.), hebt er dessen Gnadencharakter hervor. An unserer Stelle tritt stärker das Entscheidungsmoment in den Vordergrund, denn die Leser des Briefes sollten ebenfalls zu Entschiedenheit aufgerufen werden angesichts des Eindringens der Falschpropheten.

Paulus hat diese Entscheidung nicht nur einmal in der Vergangenheit getroffen, er trifft sie neu und noch entschiedener in der Gegenwart, wie aus Vers 8 zu ersehen ist: Alles rechnet er nun der Negativseite seiner Bilanz zu, Herkunft und Leistung, materiellen Gewinn und geistige Werte, Ruhm und Ansehen. Worauf es ihm ankommt, ist allein die überragende Erkenntnis Christi Jesu. Erkenntnis darf hier nicht nur als intellektueller Vorgang verstanden werden. Es spielen Gedanken der hellenistischen Mystik mit herein, wonach Erkenntnis eine Umwandlung des Erkennenden auf den Erkannten hin bewirkt, und zugleich der alttestamentliche Gedanke, daß Erkennen immer auch entscheidend das Moment des Anerkennens beinhaltet. Erkenntnis Jesu Christi beinhaltet demnach die Anerkennung im Sinne einer restlosen Verfügbarkeit dem Herrn gegenüber, aber ebenso ist sie als eine den Erkennenden umgestaltende Macht gesehen.

Noch einmal beteuert der Apostel, daß um Christi willen für ihn alles andere bedeutungslos sei. Dabei geht er bis an die Grenze des sprachlich Erträglichen. Er sieht alles als Dreck, ja als Kot an. Sein Ziel ist allein, Christus zu gewinnen und in ihm erfunden zu werden. Wieder schlägt die Geschäftssprache durch. Er hat seine Lebensrechnung so aufgestellt, daß es nur mehr um Christus geht, den einzig wahren Gewinn, und die Gemeinschaft mit ihm.

Hier unterbricht Paulus seine Ausführungen zur Christusgemeinschaft und greift das Thema Gerechtigkeit auf. Das Heilsgeschehen wird nun kurz von der juridischen Seite her bedacht. Für Paulus steht fest, daß jene Gerechtigkeit, die er als die eigene bezeichnet, da sie aufgrund von Gesetzeserfüllung und eigener Anstrengung erworben wird, für ihn ohne Bedeutung ist. Er hat mit seiner jüdischen Vergangenheit in dieser Hinsicht radikal gebrochen (vgl. V. 6). Einzig und allein entscheidend ist jene Gerechtigkeit, die in Gott ihren Ursprung hat, im Christusereignis gründet und dem Glaubenden zuteil wird. »Im Schnittpunkt steht Jesus Christus und seine Heilstat. Der Glaube ist nur dann heilswirksam, wenn er auf Christus gerichtet ist, und das Handeln Gottes, das Schenken der Gerechtigkeit, geschieht allein durch Christus« (*J. Ernst* 98). Eine so beiläufige Bemerkung zu seiner Rechtfertigungslehre spricht dafür, daß der Apostel die Gemeinde von Philippi darüber schon früher belehrt hat.

Nach dieser kurzen Unterbrechung wendet er sich wieder dem zentralen Thema der Erkenntnis Christi zu. Ihn und die sein Leben prägende Kraft des Christusschicksals will er erkennen. Überraschenderweise nennt er dabei zunächst als Gegenstand seines Erkennens die Macht der Auferstehung Christi und dann erst die Gemeinschaft im Leiden, während er daran anschließend logisch richtig zuerst von der Bereitschaft zur Teilhabe an Christi Tod spricht und die Teilhabe an seiner Auferstehung von den Toten als noch ausstehend charakterisiert wird. Dies geschah wohl deshalb, weil die Auferstehung Christi vor allem das neue Leben ermöglicht (Röm 6,4), die Sündenvergebung und Rechtfertigung bewirkt (1 Kor 15,17; Röm 4,25), weil mit ihr »das Auferstehungszeitalter begonnen« (*G. Friedrich* 162) hat (1 Kor 15,20). Freilich sind mit der Auferstehung Jesu Christi unlösbar sein Leiden und Sterben verbunden. Wer daher die Kraft seiner Auferstehung erfahren will, der darf sich der Gemeinschaft mit seinem Leiden nicht entziehen. »Der Christ ist berufen, Leiden, Schmach und Not als Norm der Christusnachfolge zu begreifen und anzunehmen« (*J. Gnilka* 196). Ja, Paulus kann aufgrund der engen Gemeinschaft des Christen mit seinem Herrn in den eigenen Bedrängnissen die Leiden Christi selbst erkennen. So tut er den Korinthern kund, daß die Leiden Christi überreich über ihn hereingebrochen sind (2 Kor 1,5) und daß er allezeit das Todesleiden Jesu an sich trage (2 Kor 4,10; vgl. Gal 6,17). Eine solche Gleichsetzung gilt nicht nur für den besonders berufenen Apostel. Jeder Christ soll und darf vielmehr seine Bedrängnisse in solcher Weise verstehen (2 Kor 1,7).

Paulus verstärkt diesen Gedanken noch durch den ausdrücklichen Verweis auf die Gleichgestaltung mit dem Tode Jesu. Durch die Mühe des Alltags, in Anfechtung und Verfolgung, soll sich immer wieder an uns das Sterben Christi ereignen, in das wir durch die Taufe sakramental hineingenommen sind (Röm 6). Aber Leiden und Tod sind auch für den Christen nicht das letzte. Seine begründete Hoffnung erwartet die künftige Auferstehung von den Toten. Sprachlich bereitet freilich gerade diese Aussage einige Schwierigkeiten: »ob ich etwa gelange zur Auferstehung von den Toten«. Die etwas holprige Konstruktion in Vers 11 hat die Deutung in verschiedene Richtungen gelenkt. Ist es eine polemische Spitze, gerichtet gegen Leute, die nicht mehr mit einer kommenden Auferstehung rechneten, sondern glaubten, alles bereits in dieser Welt zu besitzen? Hat Paulus Bedenken, daß die Auferstehung gefährdet sein könnte, weil er und seine Christen den von Gott gewiesenen Weg nicht einschlagen könnten? Drückt sich darin etwa ein »Wandel im eschatologischen Bewußtsein des Paulus« aus? Rechnet er, da »seine anfängliche feste Überzeugung, in diesem Leben noch die Parusie des Herrn zu erleben, ... wegen der Unsicherheit der Gefangenschaft ins Wanken geraten« ist, »mit der Möglichkeit des Todes vor der Wiederkunft«? (*J. Ernst* 99f.). Oder tut Paulus damit einfach kund, daß er leichter die Christusleiden erträgt, »wenn er weiß, daß er zur Auferstehung aus den Toten gelangt« (a.a.O., S. 100).

Seine weiteren Ausführungen sprechen eher dafür, daß Paulus sich hier gegen solche wendet, die glaubten, sie würden bereits im Besitz der Vollendung sein. Denn eben dies bekundet er im folgenden: Keineswegs hat er bereits den Zustand des vollendeten Heils erlangt; vielmehr bedarf es noch besonderer Anstrengung, um zur Vollendung zu gelangen. Der Apostel läßt es allerdings unbestimmt, was er konkret zu erreichen trachtet. Alle möglichen Inhalte werden vorgeschlagen (die volle Einung mit Christus; die vollendete Gerechtigkeit; die moralische und geistige Vollendung; die Auferstehung der Toten). Wenn Paulus sich hier einer Konkretisierung enthält, so kam es ihm wohl eher auf das Spannungsverhältnis an, in dem der Christ noch lebt. Er ist noch nicht am Ziel angelangt; wie im Wettkampf gilt es vielmehr, dieses mit aller Kraft anzusteuern. Aber Paulus weiß ebenso, Christus hat ihn in der Damaskusstunde ergriffen und in Glaube und Taufe sind die Christen insgesamt auf diese Bahn gestellt. Nun ist jeder gehalten, angestrengt nach dem Ziel zu trachten. Und noch einmal bekundet der Apostel besonders eindringlich durch die Bruderanrede, daß er sich nicht einbilde, bereits am Ziel angelangt zu sein. Diese wiederholte Feststellung, jetzt als eigenes Urteil deklariert, berechtigt noch mehr zu der Annahme, daß in Philippi die Meinung vertreten wurde, man sei bereits ans Ziel gekommen. Solcher Überzeugung hält Paulus entgegen, daß ihm nicht daran gelegen sei, welche Strecke er als Christ bereits zurückgelegt hat, allein die Zukunft, das vor ihm Liegende sei entscheidend. Schon aber ist das Ziel in sein Blickfeld gekommen, und er jagt darauf zu, in der Hoffnung, dort den Kampfpreis zu erhalten: den Ruf in die obere, himmlische Welt, den Gott ergehen läßt und der durch Christus ermöglicht wurde. Damit, und erst damit, kommt der Wettlauf an sein Ende. Wer glaubt, jetzt bereits im Zustand der Vollendung zu sein, der ist einer gefährlichen Illusion verfallen. Solche »Vollkommenen« sollen umdenken und das Wort und Beispiel des Apostels ernst nehmen, statt irgendwelchen Offenbarungen zu vertrauen, es sei denn, diese stimmen mit der Weisung des Apostels überein (vgl. *J. Gnilka* 201).

Am Erreichten festzuhalten, gilt es! Der gegenwärtige Glaubensstand darf nicht durch irgendeinen Vollkommenheitsfimmel gefährdet werden. Worin man vom Apostel belehrt wurde, das gilt es im konkreten Alltag in die Tat umzusetzen. Möglicherweise hat das Vollendungsbewußtsein einen Laxismus im Gemeindeleben aufkommen lassen, dem Paulus wehren will. Was der Apostel von Vers 7 an über sich berichtete, gewann immer mehr Beispielcharakter für jeden Gläubigen. Nun spricht er dies auch aus (V. 17). Alles, was Paulus über sich bekannte, ist ja des Nachahmens wert, die gänzliche Hinordnung des Lebens auf Christus, seine Entschlossenheit, durch Leiden und Tod ihm gleichgestaltet zu werden, und sein Streben nach der noch ausstehenden Vollendung. Er kann aber auch auf andere verweisen, die sich bereits sein Vorbild zu eigen gemacht haben. Auch an ihnen können die Philipper ablesen, wie man Christsein verwirklichen soll. Paulus blickt bei diesen Worten über die Gemeindegrenzen von Philippi hinaus. Andernorts finden sich rühmenswerte Vorbilder, etwa in Thessalonich; der Gemeinde dort hat der Apostel das Lob ausgesprochen, daß sie seine und des Herrn Nachahmer wurden, indem sie das

Evangelium in großer Bedrängnis mit der Freude heiligen Geistes annahmen und so Vorbild für alle Glaubenden in Mazedonien und in Achaia wurden (1 Thess 1,6f.). Weshalb er aber ausdrücklich sich und jene anderen Christen als Vorbilder hier erwähnt, ist begründet in der für Paulus so bedrückenden Tatsache, daß viele als Feinde des Kreuzes Christi wandeln. Mehrfach hat er den Philippern davon bereits gesprochen, jetzt tut er es in besonderer Betroffenheit: unter Tränen. Diese Bemerkung und die folgenden heftigen Anwürfe sprechen dafür, daß die Verächter des Kreuzes nun auch zur Gemeinde von Philippi vorgedrungen sind.

Wenn Paulus von vielen solcher Kreuzesgegner spricht, dann blickt er auf die Ereignisse nicht nur in Philippi, sondern in allen seinen Gemeinden. Gegnerschaft des Kreuzes kann verschiedene Ursachen haben; dazu zählt judaistische Gesetzesfrömmigkeit ebenso wie selbstherrliches Streben nach Weisheit, das Wissen um schon erfolgte Vollendung in gleicher Weise wie der Abscheu vor ethischen Anstrengungen. Die Gegner des Kreuzes, die Philippi bedrängten, waren aber wohl vor allem von judaisierenden Tendenzen geprägt und glaubten sich schon im Besitz des vollkommenen Heils.

Mit massiven Angriffen geht der Apostel gegen diese Kreuzesverächter vor: »ihr Ende ist das Verderben, ihr Gott der Bauch, ihr Ruhm besteht in ihrer Schande; Irdisches haben sie im Sinn« (V. 19).

Man kann daraus keine weiteren Erkenntnisse über die Art der Irrlehre in Philippi gewinnen. Zu Allgemeines wird hier nach damals üblicher Manier einer Ketzerpolemik ausgesagt. Wir erfahren, daß ihr Ende Verderben und Schmach sein werden, die Gott über sie in seinem Gericht bringen wird. Wenn die Rede davon ist, daß ihr Gott der Bauch sei, bedeutet das nicht, daß sie allen möglichen Lüsten des sinnlichen Genusses verfallen, sondern daß sie egoistisch ganz und gar auf das diesseitige Leben bezogen sind (vgl. *G. Friedrich* 165), so daß sie für das Kreuz kein Verständnis aufbringen (vgl. Röm 16,18, wo Paulus ebenfalls diesen weiteren Gebrauch von »Bauch« verwendet).

Ihr Sinnen und Trachten geht allein auf das Irdische. Man kann den bitteren Spott nachempfinden, der mit solchen Worten über die Gegner ausgegossen wurde, zumal diese von sich behaupteten,

»bereits am Ziel angelangt zu sein, das Göttliche bereits voll erlangt zu haben« (*J. Gnilka* 206).

Unsere Heimat dagegen, betont der Apostel, ist im Himmel. Die Christen sind nicht im Irdischen beheimatet. Sie sind aber auch noch nicht in ihrer wahren Heimat angelangt. Die, die den Himmel auf die Erde herabzuziehen versuchen, vergessen, daß Christsein im Wartestand leben bedeutet. Dieses Erwarten aber der endgültigen Erlösung ist gerichtet auf den wiederkommenden Herrn, der als Retter in Erscheinung treten wird. Auch der Gemeinde von Thessalonich hat Paulus Jesus als kommenden Retter verkündet (1 Thess 1,10). Dort freilich erwartet der Apostel vom Parusiechristus die Errettung aus dem kommenden Zornesgericht. Dieser Gedanke wird im Schreiben an die Philipper nicht aufgenommen. Die Rettungstat erstreckt sich vielmehr auf die Verwandlung des Leibes unserer Niedrigkeit zur Gleichgestalt mit dem Leib seiner Herrlichkeit. Unsere irdische Existenz, die geprägt ist von Krankheit und anderen Gebrechen, der vor allem das Charakteristikum der Vergänglichkeit anhaftet, wird nicht ausgelöscht werden. Der wiederkommende Herr wird sie umformen in die Gleichgestalt mit seinem verherrlichten Leib. Ist die Gegenwart bestimmt von der Gemeinschaft mit Christus, dem Leidenden (Phil 3,10), so die Zukunft von der Gemeinschaft mit dem Verherrlichten (vgl. Röm 8,17). Denkt Paulus hier nur an die noch bei der Parusie Lebenden? Diese eingeengte Sicht ist nicht wahrscheinlich bei einem Mann, der eine Kerkerhaft hinter sich hat, bei der er mit dem Todesurteil rechnen mußte. Tote und Lebende bedürfen vielmehr in gleicher Weise des neuschaffenden Handelns des wiederkommenden Herrn (vgl. 1 Kor 15,51f.). Dieses Ereignis aber erscheint so gewaltig, daß Paulus es in der kosmischen Herrschermacht Christi verankert. Wer über die Gewalten des Universums bestimmen kann, der vermag auch die irdische Existenz des Menschen in eine neue, verherrlichte Seinsweise überzuführen.

3. Christliche Grundhaltungen (4,1–9)

Der Vers 1 muß noch eng mit dem Vorausgehenden gesehen werden. Mit einer sehr persönlich gefärbten Anrede fordert der Apostel abschließend seine Brüder auf, aus all dem Gesagten, besonders aber aus dem Ausblick auf die Zukunft, die rechten Folgerungen zu ziehen. Er versichert sie nicht nur seiner Liebe und seiner Sehnsucht, sondern nennt sie auch seine Freude und seinen Kranz.

Darin bekundet er seine Überzeugung, daß sie ihm bei der Wiederkunft Christi zur Freude gereichen und sein Siegeskranz sein werden (vgl. 1 Thess 2,19; 1 Kor 9,25). Zugleich aber schwingt doch angesichts der Gefährdungen der Gemeinde von Philippi auch die Sorge mit, sie könnten dieser Erwartung nicht gerecht werden, wenn er hinzufügt: »so stehet fest im Herrn«. Nach 1 Thess 3,8 meint Paulus mit diesem Ausdruck das gläubige Verharren in der Botschaft, die ihnen verkündet wurde. Es gilt trotz aller Widerstände, dem Evangelium treu zu bleiben.

Nicht ungeschickt hat der Redaktor der verschiedenen Philipperbriefe hier eine Mahnung zur Einheit angefügt, die ursprünglich dem Gefangenschaftsbrief zugehört. Die Einheit ist ja ein besonderes Anliegen des Paulus den Philippern gegenüber (vgl. 2,2; 1,27).

Hier sind es zwei bedeutende Frauengestalten, Evodia und Syntyche, die angesprochen werden. Wie persönlich die Zurechtweisung vom Apostel gedacht war, geht daraus hervor, daß er für jede getrennt das Verb des Ermahnens verwendet. Wir können die beiden Frauen nicht näher einordnen. Versuche, sie als Vorsteherinnen in Hausgemeinden anzusehen oder gar als »Symbolgestalten für die judenchristliche und heidenchristliche Gruppe der frühen Christengemeinde ..., haben keine sachliche Stütze« (*J. Ernst* 113). Doch ist aus dem folgenden Vers 3 ebenso ersichtlich, wie sehr sich Frauen in frühen Christengemeinden für den Dienst am Evangelium einsetzten und einsetzen konnten.

Das hat zur Folge, daß ihr Konflikt, selbst wenn er nur ein persönlicher gewesen sein sollte, das Gemeindeleben mitbetraf. Bei Personen wie ihnen, die im Gemeindeleben eine herausragende Rolle spielten, war eben jede Differenz gemeindeöffentlich. In der Autorität des Herrn ruft Paulus deshalb die beiden zur Besinnung. Dabei versichert er sich in der Angelegenheit zugleich der Unterstützung eines offensichtlich in Philippi einflußreichen Mannes.

Es ist umstritten, ob er seine Bitte an einen bewährten »Gefährten« richtet – das bedeutet das griechische Wort sýzygos –, oder ob er einen Mann mit dem Namen Syzygos anspricht. Hält man den ersten Vorschlag für den besser begründeten, wie es wieder stärker in der neueren Literatur geschieht, dann bleibt es unklar, wer dieser Gefährte war, und eine Fülle phantasiereicher Möglichkeiten wird zur Klärung angeboten. Man denkt an einen, Paulus »besonders nahestehenden Mitarbeiter, der vielleicht eine Zeitlang sein Reisebegleiter gewesen ist...«. War es der »bewährte Gefährte Timotheus« (*G. Friedrich* 167)? Aber Timotheus soll erst in nächster Zeit nach Philippi entsandt werden. Andere wollen darunter Epaphroditus oder Silas erkennen. Man vermutet einen Symbolnamen für Petrus. Sogar die in Philippi zurückgelassene Frau des Paulus entdeckt man in dem geheimnisvollen Begriff sýzygos. Schließlich setzte man diese auch noch gleich mit der Lydia von Apg 16,14, die Paulus geheiratet habe. Aber nach allem, was wir von Paulus wissen, war er nicht verheiratet. Angesichts solch wilder Spekulationen verzichtet man schließlich gänzlich auf eine Konkretisierung und hilft sich mit der Feststellung, daß schließlich Paulus und die Gemeinde wissen, wer gemeint ist. Dann freilich muß es sich »um einen recht bekannten und engen Mitarbeiter des Apostels« handeln (*G. Barth* 71 f.), um eine »profilierte Amtsperson« (*J. Ernst* 114). Aber weshalb soll ausgerechnet die entscheidende Person, deren Beistand Paulus erbittet, nicht genannt sein? Verstärkt eine persönliche Anrede nicht die Bitte und macht den Angesprochenen zugänglicher? Eine Vermittlung ist ja immer eine etwas delikate Sache. Deshalb dürfte doch eher der Eigenname Syzygos anzunehmen sein, zumal er für ein Wortspiel offen war. Syzygos (= Gefährte) hieß nicht nur so, er war auch tatsächlich ein bewährter Genosse. Er wird den am Anfang des Briefes genannten Episkopen und Diakonen beigezählt werden dürfen.

Für den Apostel sind diese Vorkommnisse um so bedauerlicher, als er den beiden Frauen das Zeugnis ausstellen kann, daß sie seine Kampfgefährten waren im Dienst am Evangelium. Lag dieser Dienst mehr im fürsorgenden Bereich, wie das wohl von Lydia, der Purpurhändlerin, anzunehmen ist? Da sie aber aufs engste mit Klemens und den übrigen Mitarbeitern des Paulus gesehen werden und ihnen betont das Zeugnis ausgestellt wird, daß sie mit Paulus für das Evangelium »kämpften«, spricht mehr dafür, daß sie aktiv im Dienst der Missionierung standen.

Wenn Paulus unter seinen Mitstreitern ausdrücklich noch Klemens nennt, so hat sich dieser gewiß besonders hervorgetan. Der Apostel mußte darauf nicht näher eingehen, die Gemeinde kannte dessen Verdienste. Vielleicht gehörte er dem Vorsteherkreis an.

Mag der Konflikt für Paulus, und sicher auch für die Gemeinde, eine sehr schmerzliche Erfahrung darstellen, so besteht der Apostel dennoch darauf, sie zusammen mit den übrigen Mitarbeitern als im Buch des Lebens verzeichnet zu deklarieren.

Das Buch des Lebens

Die Vorstellung von Büchern, die für den Menschen von Bedeutung sind, die sein Schicksal betreffen, begegnet im Alten Testament (Ex 32,32; Ps 69,29; 139,16; Dan 12,1), im frühen Judentum (syrBar 24,1; aethHen 47,3) und im Neuen Testament (Lk 10,20; Offb 3,5; 20,15; 21,27).

Es ist die Rede von Büchern, in denen die guten und bösen Taten der Menschen aufgezeichnet sind (syrBar 24,1), aber auch von Büchern des Lebens, die vor Gott liegen. Wer darin eingetragen ist, der gehört den von Gott Erwählten zu, er darf des Heiles gewiß sein. So wird in Dan 12,1 dem Volke Israel zugesichert, daß es am Ende der Zeit gerettet wird; das gilt für alle, »die sich im Buche verzeichnet finden«.

Auch Jesus ruft nach Lk 10,20 die zurückkehrenden Siebzig auf, sich darüber zu freuen, daß ihre Namen im Himmel eingeschrieben sind. Beim Totengericht am Ende der Tage wird der in den Feuersee geworfen, der nicht im Buch des Lebens geschrieben steht (Offb 20,15). Und die heilige Stadt dürfen nur betreten, die im Buch des Lebens des Lammes verzeichnet sind (Offb 21,27). Aber dies ist keine absolute Heilsgarantie. Man kann auch aus dem Buch des Lebens gelöscht werden. Daraus wird getilgt, wer gegen Gott sündigt (Ex 32,32f.). Der Beter des Ps 69,29 bittet Gott, daß seine Volksgenossen, die ihn verfolgen, aus dem Buch des Lebens ausgelöscht werden. Und in der Offenbarung des Johannes wird nur den Christen, die ihre Kleider nicht beflecken, verheißen, daß ihre Namen nicht aus dem Buch des Lebens getilgt werden (Offb 3,5).

In Phil 4,3 liegt Paulus daran, seinen Mitarbeitern mittels eines solchen Verweises in Erinnerung zu bringen, daß Gott sie zum Heil gerufen hat. Diese Erfahrung war ja die treibende Kraft für ihren Einsatz. Daher gilt aber auch: Unter Erlösten und zum gleichen Heil Berufenen darf es keine solchen Zwistigkeiten geben. Die Freude darüber, bei Gott aufgezeichnet zu sein, ist doch viel mehr wert als irgendein ehrgeiziges Gerangel. Paulus denkt hier aber nicht an ein eventuelles Gestrichenwerden aus dem Buch des Lebens.

Die Erwähnung der göttlichen Erwählung mag dazu beigetragen haben, daß Paulus nun erneut die ganze Gemeinde zur Freude aufruft. Dies geschieht wie in 3,1, aber jetzt verstärkt durch die Wiederholung. Was dort schon vermerkt wurde, gilt auch hier. Es ist keine Allerweltsheiterkeit, sondern eine Freude, die im Herrn gründet. Den Philippern und allen Glaubenden wurde Erlösung durch und Gemeinschaft mit Christus zuteil, eine Gemeinschaft, die auf Dauer angelegt ist. So soll auch ihre freudige Grundstimmung eine dauerhafte sein, unabhängig von den äußeren und oft gar nicht froh stimmenden Gegebenheiten des Daseins. Keiner könnte ein solches Wort überzeugender sprechen als der gefangene Apostel. Die Freude über die erfahrene Güte Gottes duldet aber keine Selbstgenügsamkeit. Nun sind sie an der Reihe; alle Menschen sollen ihre Freundlichkeit und Güte erfahren, nicht etwa nur in dem Sinne, daß »die Güte, die sie untereinander betätigen und bewahren, ... als ansprechende und zeichenhafte Kunde zu den Menschen« dringt (*J. Gnilka* 169), sondern so, daß alle Menschen in den Raum ihrer Güte einbezogen werden. Die Freude in Christus ermöglicht solche Großzügigkeit. Die Nähe des kommenden Herrn bildet ein weiteres Motiv dafür. Doch steigert die erwartete Parusie vor allem die Freude selbst, da sie in die vollendete Gemeinschaft mit Christus führt.

Wer im Raum der Freude lebt, der kann sich nicht von der Sorge in Unruhe und Angst versetzen lassen. Anstatt sich zu sorgen, wird er alle Anliegen und Mühseligkeiten des Alltags in besonders inständigem Beten vor Gott tragen. Wieder kann die Gemeinde eine solche Haltung am Apostel selbst ablesen, der seine Gefangenschaft ohne ängstliches Sorgen erträgt und die Freude als Grundstimmung trotz seiner Lage bezeugt.

Mit dem Gebet aber soll die Haltung der Dankbarkeit verbunden sein. Das verhindert, daß Gott zu einem billigen Selbstbedienungsladen degradiert wird. Denn, wer dankt, weiß, wie viele Wohltaten ihm bereits zuteil geworden sind. So relativiert sich sein neues Bitten. Er überläßt es Gott, ob und auf welche Weise er ihn erhören wird. Das fällt ihm um so leichter, da er um die Nähe des wiederkommenden Herrn weiß.

Paulus beschließt diese Ermahnungen mit einer Zusage. Im Mittelpunkt steht der Friede Gottes. Der Friede, der von Gott her kommt, oder anders ausgedrückt, seine Heilszuwendung, von dem Paulus bewundernd ausruft, daß er jedes menschliche Verstehen übersteigt, er wird dafür Sorge tragen, daß ihre Herzen und Gedanken, ihr Wollen und Denken stets auf ihr Sein in Christus Jesus gerichtet bleiben. Dadurch wird ihnen schließlich jene innere Gewißheit zugesprochen, die auch das Sorgen um das Heil im Sinne eines ängstlichen Sorgens verbietet.

Es gibt überzeugende Gründe, daß die Verse 4,8 f. ursprünglich dem Kampfesbrief zuzuschreiben sind. Die doppelten Segenswünsche z.B. (VV. 7.9 b) sind leichter verständlich, wenn sie einmal am Ende zweier verschiedener Briefe standen. Der Inhalt der Verse paßt gut zum Kampfschreiben. »Im Grund genommen, geht es darum, daß die Gemeinde am Erlernten und Überkommenen und durch den Apostel Vermittelten unter allen Umständen festhalten soll« (*J. Gnilka* 219).

Andererseits bot sich dem Redaktor an dieser Stelle eine gute Gelegenheit, weitere Mahnungen anzufügen.

Die Verse lassen eine klare Struktur erkennen, die von einer bestimmten Rhythmik geprägt ist. Die in Vers 8 angeführten allgemeinen Kategorien für sittliches Verhalten müssen von der stoischen Popularphilosophie her gesehen werden. Der Apostel nimmt diese aus seiner Umwelt stammenden Kategorien auf und empfiehlt, sie zu bedenken, selbstverständlich in der Absicht, daß daraus ein Handeln folgt. Der Christ soll sich nämlich auch in jenen Tugenden bewähren, die in seiner heidnischen Mitwelt von Bedeutung sind. Er kann aus ihren echten Werten lernen.

Freilich darf sich sein sittliches Bemühen nicht darauf beschränken. Was die Gemeinde in Lehre und Überlieferung durch Wort und Beispiel vom Apostel selbst empfangen hat, das vor allem gilt es, in die Tat umzusetzen. Von den Werten der Welt geht Paulus über zur christlichen Botschaft, die die Philipper dem Apostel verdanken und deren Verwirklichung sie an ihm selbst ablesen können. Er schließt mit dem Friedensgruß, der nicht ein bloßes Wünschen meint, sondern eine tatsächliche Zusage beinhaltet.

VI. *Dank des Apostels (4,10–20)*

1. 4,10–20 – ein eigener Brief?

In der Forschung besteht keine Einmütigkeit darüber, ob die Verse 10–20 des vierten Kapitels unseres Philipperbriefes einem der beiden schon erwähnten Briefe zuzuweisen sind, ob sie als eigenes Dankschreiben angesehen werden müssen, dessen Einleitung weggebrochen wurde, oder ob sie Teil eines weiteren Briefes an die Philipper sind. Es gibt auch Forscher, die den Philipperbrief, so wie er heute vor uns liegt, als ursprüngliche Einheit betrachten.

Schwerlich kann ein solches Dankschreiben an den Kampfbrief angeschlossen haben. »Der dem Kampfbrief vorausgehende Brief ... setzt ja in 2,25 u. 30 die durch Epaphroditus überbrachte Unterstützung schon voraus« (*G. Barth* 75). Rechnet man es aber dem Gefangenschaftsbrief zu, dann entsteht nach Barth die Schwierigkeit, daß der Dank nur am Schluß des Briefes einzufügen ist, »weil der Zusammenhang von 1,1–3,1 keine Lücke erkennen läßt, in die 4,10–20 passen würde« (a.a.O., S. 75). Dies aber wäre doch sehr eigenartig. Ausgerechnet der Dank, der eigentlich den Anlaß für die Abfassung des Briefes gab, »würde erst am Schluß genannt, nachdem zuvor breit und ausführlich über anderes geredet, auf die empfangene Gabe zwar verschiedentlich angespielt, aber mit keinem einzigen Wort der Dank oder die Freude darüber zum Ausdruck gebracht wurde« (a.a.O., S. 75).

Ein besonders ernstzunehmendes Argument, das gegen die Zugehörigkeit zum Gefangenschaftsbrief spricht, ist die verschiedene Situation der beiden Schreiben. Der Gefangenschaftsbrief ist erst geraume Zeit nach der Überbringung der Gabe durch Epaphroditus verfaßt. Hat Paulus mit seinem Dank so lange gewartet? Die Verse 4,10–20 sind aber so abgefaßt, daß sie die erste Reaktion auf die empfangene Gabe sein müssen. Man gewinnt darüber hinaus den Eindruck, daß sie unmittelbar nach Eintreffen der Gabe geschrieben wurden. Damit paßt die Situation ihrer Abfassung nicht zur Abfassungszeit des Gefangenschaftsbriefes. Man wird 4,10–20 deshalb als ein selbständiges, erstes, kleines Dankesschreiben ansehen dürfen.

2. Zum Inhalt

Der Apostel dankt in diesem knappen Schreiben nicht mit überschwenglichen Worten. Es fehlt sogar ein ausdrückliches Wort des Dankes. Statt dessen betont er mehrfach, daß er es nicht auf ihre Unterstützung angelegt habe. Daher hat man das Wort vom »danklosen Dank« geprägt. Paulus kleidet seinen Dank in einen Ausdruck der Freude. Diese Freude ist »eine im Herrn sich vollziehende, also eine von ihrer gemeinsamen Christusverbindung her geprägte« (*J. Gnilka* 173). Mit einer Sprache, die sonst das Aufblühen der Natur beschreibt, charakterisiert er das Geschehen, das ihm Anlaß zur besonderen Freude wurde. Er erfuhr das »endlich einmal Wiederaufblühen« ihrer Fürsorge ihm gegenüber. Man sollte aus dieser Feststellung keinen leisen Tadel heraushören, denn er beeilt sich sogleich, zu versichern, daß sich die Philipper längst vor Überbringung ihrer Gabe um ihn sorgten. Es fehlte ihnen lediglich die Gelegenheit, ihre Fürsorge in eine konkrete Aktion umzusetzen. Auch aus 2 Kor 11,8 f. wissen wir, daß Paulus von den Gemeinden Mazedoniens Unterstützung erhielt, und zwar als er in Korinth in Schwierigkeiten geraten war. Über den Mangel an Gelegenheit lassen sich nur Vermutungen anstellen. War er in der eigenen Notlage begründet, oder waren es besondere Bedrängnisse, denen sie ausgesetzt waren? Wir wissen es nicht!

Eines jedoch erfahren die Philipper zugleich mit seinem Dank. Die Bekundung seiner Freude über ihre Gabe geschieht nicht aus einer Notlage heraus. Zweifellos befindet er sich in einer schwierigen Situation, aber sie bestimmt ihn nicht, diesen Dankesbrief zu schreiben, um vielleicht weitere Unterstützung zu erfahren. Er hat es gelernt, genügsam zu sein und mit seinen Verhältnissen zurechtzukommen. Allerdings bejaht Paulus grundsätzlich die wirtschaftliche Unterstützung der Verkünder durch die Gemeinden, und er begründet sie sogar mit einem Herrenwort. Aber für sich nimmt er dieses Recht nicht in Anspruch, wohl aus der Sorge heraus, es könnte zum Schaden des Evangeliums sein (vgl. 1 Kor 9,4–18). Es gab ja in jener Zeit genug Wanderprediger, die aus recht egoistischen Beweggründen ihre Botschaft unter die Leute brachten. Deshalb ist es eine besondere Auszeichnung für die Gemeinde von Philippi, daß er ihr gegenüber eine Ausnahme von dieser Regel macht. Doch ändert das nichts an seiner grundsätzlichen Einstellung. Das Freisein von solchen Erwartungen liegt – wie bereits erwähnt – begründet in seiner Genügsamkeit. Mit einem kleinen Gedicht (VV. 12–13) verdeutlicht er das. Er weiß mit allem zurechtzukommen, ob sich nun Mangel oder Überfluß einstellt. Offensichtlich sieht der Apostel die Unabhängigkeit seiner Verkündigung nicht nur von Mangel und Not bedroht, sondern ebenso durch Sattwerden und Überfluß. Beidem begegnet er mit gleicher Distanz. Diese distanzierte Gestimmtheit gegenüber äußeren Dingen ist ein Ideal der kynisch-stoischen Philosophie. Für sie sind die äußeren Güter, aber auch die äußeren Übel, belanglos. Der stoische Philosoph *Epiktet* bemerkt dazu: »Ihr seht ja, daß der Kaiser uns allgemein Frieden zu geben scheint ... Kann er uns aber etwa auch Ruhe vor dem Fieber schaffen, kann er uns vor Schiffbruch, vor Feuersnot, Erdbeben oder Blitzschlag schützen? Vor Verliebtheit? Nein. Vor Trauer? Nein. Vor Neid? Nein, vor nichts dergleichen kann er uns bewahren. Die Lehre der Philosophen aber verheißt uns auch davor Ruhe zu schaffen« (*Epiktet*, Gespräche III,13,1 f.4–8. Übersetzung nach *J. Leipoldt, W. Grundmann*, Umwelt des Urchristentums II, Berlin [3]1972, S. 327 f.). Der wahre Weise schenkt deshalb Ruhm und Ruhmlosigkeit, Lust und Schmerz, Reichtum und Armut, Gesundheit und Krankheit, selbst Leben und Tod keine besondere Beachtung.

Paulus aber unterscheidet sich vom Stoiker dadurch, daß er nicht aus eigener Kraft diesen Gleichmut gegenüber allem, was seiner Verkündigung schaden könnte, erbringt, vielmehr ist es Christus, der ihn dazu befähigt.

Nach dieser Abschweifung nimmt der Apostel das Thema des Dankes erneut auf, freilich wieder in sehr verhaltener Weise (V. 14). Er bestätigt den Philippern, daß sie gut daran taten, an seiner Bedrängnis Anteil zu nehmen. Nicht die Größe der Gabe steht im Vordergrund, sondern ihr Handeln als Erweis ihrer Solidarität mit seiner Notlage. Sie haben darin ja bereits eine gute Tradition. Mit einer besonders eindringlichen Anrede: »ihr, Philipper!«, erinnert er sie, wie nur sie allein ihn früher schon unterstützen durften, »am Beginn des Evangeliums«, als er Mazedonien verließ. Diese Bemerkung wird nicht so zu verstehen sein, als ob Paulus erst seine Tätigkeit in Mazedonien als den eigentlichen Beginn seiner Verkündigung ansah. Eher ist hier vom Standpunkt der Philipper aus gedacht. Bei ihnen wird man »von jener Zeit als dem ›Beginn der Heilspredigt‹« gesprochen haben (*M. Dibelius* 96). Damals hatte keine andere Gemeinde mit dem Apostel Gemeinschaft auf Rechnung des Gebens und Nehmens, nur die Gemeinde von Philippi. Paulus verwendet hier die Sprache der Kaufleute. Das Geben und Nehmen erfolgt freilich auf sehr verschiedenen Ebenen. Die Gemeinde empfängt von ihm geistige Güter, er aber erhält dafür materielle Unterstützung. Der Gebrauch von »Begriffen der Kontoführung« (*J. Gnilka* 177) wird anzeigen, daß Paulus ihren Beitrag nicht als Almosen betrachtet, das er sich erbetteln müßte, sondern als gerechte Gegenleistung. Beachtet man, daß der Apostel anderen Gemeinden gegenüber auf diesen Anspruch verzichtete, um Fehldeutungen von der Verkündigung des Evangeliums fernzuhalten (vgl. 1 Thess 2,5; 1 Kor 9,12), dann ist sein Verhalten der Gemeinde von Philippi gegenüber ein besonderer Vertrauenserweis. Bei ihr weiß er sich offensichtlich vor Mißverständnissen und Fehldeutungen sicher. Dankbar erinnert er die Angesprochenen, wie sie ihm bereits in seiner Zweitgründung Thessalonich und darüber hinaus mehr als einmal andernorts zu Hilfe gekommen sind. Dies braucht kein Widerspruch zu der Bemerkung des Apostels in 1 Thess 2,9 zu sein, daß er sich in Thessalonich Tag und Nacht abgeplagt habe, um keinem von den Christen dort zur Last zu fallen. Die Mittel, die er aus Philippi erhielt, waren wohl für seinen Lebensunterhalt nicht gänzlich ausreichend. Aber sogleich drängt es den Apostel erneut dazu, keine falschen Schlußfolgerungen aus seiner dankbaren Erinnerung aufkommen zu lassen. Er zielt nicht auf ihre Gabe. Es ist ihm vielmehr daran gelegen, daß sie durch ihr Bemühen um ihn für sich selbst reiche Frucht buchen können am Ende der Tage. Die Rechtfertigung aus Glauben entläßt die Christen nicht in ein selbstzufriedenes Nichtstun; sie haben sich als Gerechtfertigte zu bewähren. Paulus kennt durchaus ein Gericht, das den trifft, der nicht die Werke des Geistes vollbringt (vgl. Röm 14,10ff.; 1 Kor 3,8ff.; 4,4f.; 2 Kor 5,10; 9,6).

Inmitten solcher Klarstellungen aber bestätigt er ihnen schriftlich, daß er alles empfangen habe (V. 18a). Durch die Gabe, die ihr Abgesandter Epaphroditus überbrachte, wurde er so reichlich beschenkt, daß er nun keiner weiteren Mittel mehr bedarf. Aber selbst eine so nüchterne Feststellung bleibt nicht ohne Verweis darauf, daß ihre Gabe letztlich ein Gott dargebrachtes Opfer ist, der daran besonderes Wohlgefallen hat.

Der kurze Brief, als Empfangsbestätigung für die Gemeinde von Philippi gedacht, schließt mit einer Zusicherung, deren gewisse Erfüllung durch die sehr persönliche Gottesbenennung: »mein Gott« angezeigt wird (V. 19), und mit einem Lobpreis (V. 20).

Wie diese Gemeinde sich nie der Fürsorge um den Apostel entzog, sondern stets seiner Not abzuhelfen suchte, so wird Gott im Gegenzug all ihren Mangel beheben, zwar nicht mit irdischen Gaben, sondern durch die Teilhabe an seiner Herrlichkeit, die in Christus Jesus erschlossen ist.

Das Ziel aber allen apostolischen Mühens, auch des Bemühens der Gemeinde, ist Gott, dem die Herrlichkeit durch alle Äonen eignet. Wenn dieser Herrlichkeit auch nichts hinzugefügt werden kann, so kann sie von seiten der Menschen doch lobpreisend bewundert werden.

VII. Grüße und Segenswunsch (4,21–23)

Der antike Brief wird mit einer festen Form eingeleitet (Absender – Adressat – Gruß) und er schließt auch mit einer solchen, einem Gruß, der in der Regel nur ein Wort beinhaltete. Eine eigenhändige Unterschrift kannte man nicht. Statt dessen schrieb man den abschließenden Gruß mit eigener Hand. Da der Brief gewöhnlich von einem Schreiber verfertigt wurde, hoben sich diese letzten Zeilen deutlich vom übrigen Brief ab und garantierten seine Echtheit. Auch Paulus folgte dieser Gepflogenheit, wie wir aus seinen eigenen Bemerkungen hierzu im Galaterbrief (Gal 6,11), im 1. Korintherbrief (1 Kor 16,21) und aus der Bemerkung des Briefschreibers Tertius im Römerbrief (Röm 16,22) erfahren. Diese Übung lag bei Paulus deshalb nahe, weil seine Briefe offizielle Schreiben an seine Gemeinden waren, für die die Feststellung ihrer Echtheit von großer Bedeutung war. Daher wird Paulus auch die Schlußgrüße des Philipperbriefes und den Segen mit eigener Hand geschrieben haben. Sie standen ursprünglich am Ende des Gefangenschaftsbriefes, wie der Verweis auf »die aus dem Haus des Kaisers« zeigt (vgl. Phil 1,13), bilden aber auch durch Redaktorhand hier angefügt einen guten Abschluß des Philipperbriefes in seiner jetzigen Form. Der Schluß der Paulusbriefe unterscheidet sich beträchtlich von dem sonstiger antiker Briefe. Er ist wesentlich erweitert, wobei der in allen paulinischen Briefen beigegebene Segen so formelhafte Züge trägt, daß man ihn aus dem Kult entnommen verstehen darf.

Zunächst richtet der Apostel selbst Grüße an alle Gemeindemitglieder. Bereits im Proömium (= Dank und Fürbitte am Briefbeginn) hat er mehrfach »alle«, die ganze Gemeinde, hervorgehoben. Hier tut er es wieder, aber er gebraucht den Singular: »jeder«. Dies fördert die Unmittelbarkeit. Jeder einzelne fühlt sich angesprochen. Alle werden sie, wie schon in 1,1, als »heilig in Christus Jesus« bezeichnet, denn heilig sind sie, weil sie von Gott berufen und durch Jesus Christus erlöst dem endzeitlichen Volk Gottes angehören (vgl. Jes 4,3; 62,12; Ez 37,28). Eigenartigerweise spricht er diesen Gruß in Befehlsform aus: »Grüßt jeden Heiligen ...!« Gemeindemitglieder, die offensichtlich darum wissen, sollen seine Grüße ausrichten. Vielleicht Episkopen oder Diakone.

Nach seinen eigenen Grüßen folgen die Grüße der Brüder, die bei ihm sind. Wie aus Vers 22 ersichtlich ist, handelt es sich hier um einen engeren Kreis, eine Gruppe aus seiner näheren Umgebung; es sind seine Mitarbeiter, denen er allerdings recht kritisch gegenübersteht (vgl. 2,21). Wenn er sie als Brüder bezeichnet, so dokumentiert er trotz allem eine besondere Gemeinschaft, die ihn mit diesen verbindet. Schließlich fügt er noch die Grüße der ganzen Gemeinde an. Auch sie wird mit der ehrenvollen Bezeichnung »Heilige« vorgestellt. Die Heiligen grüßen die Heiligen. Die Adressaten und die Gemeinde am Ort der Gefangenschaft des Apostels haben in gleicher Weise teil an der Berufung, Erlösung und Eingliederung in Gottes heiliges Volk. Abschließend erwähnt Paulus noch eine Gruppe der Gemeinde von Ephesus eigens. Es sind »die aus dem Haus des Kaisers«. Dieser Ausdruck muß nicht auf die Mitglieder des kaiserlichen Hauses bezogen werden, die in Rom lebten. So wurden auch andernorts Personen bezeichnet, die dem Kaiser irgendwie zugehörten. Diese Sklaven, Freigelassenen oder überhaupt Christen im staatlichen Dienst (vgl. *J. Ernst* 122) konnten und sollten auf die um das Schicksal des Apostels in Sorge geratenen Philipper beruhigend wirken. Paulus war in seiner Gefangenschaft von Brüdern umgeben.

Der Brief schließt mit dem Segenswunsch.

Die Gnade, die durch das Erlösungswerk Jesu Christi der Gemeinde zuteil wurde, soll bei ihnen verbleiben. Wenn Paulus dabei ausdrücklich das Wort »Geist« zur Bezeichnung derer aufnimmt, denen der Segen gilt, dann wird dieses letzte Wort »nochmals zu einer latenten Mahnung zur Einheit und Einmütigkeit, daß sie sich darauf besinnen, ein Geist zu sein (vgl. 1,27)« (*J. Gnilka* 183).

Der Philemonbrief

ERSTER TEIL

Einleitung

1. Veranlassung

Der Philemonbrief verdankt sein Entstehen einem für die damalige Zeit sehr aktuellen Anlaß. Ein Sklave namens Onesimus war seinem Herrn, Philemon, entflohen. Es ist aus dem Brief nicht ersichtlich, was die eigentliche Ursache dafür war. Freiheitsdrang, Verlangen nach menschenwürdiger Behandlung oder aber auch ein Vergehen, vielleicht Betrug bzw. Diebstahl (vgl. V. 18), konnten die Flucht veranlaßt haben.

Der Flüchtige war mit Paulus zusammengetroffen. Er hat ihn wohl bewußt aufgesucht. Möglicherweise hatte er im Hause seines christlichen Herrn (V. 19) von diesem gehört und wollte nun, daß er sich für ihn bei seinem Herrn verwende. Durch die Begegnung mit Paulus wurde Onesimus selbst für das Evangelium gewonnen und hat in der folgenden Zeit dem Apostel im Gefängnis gute Dienste getan (vgl. V. 13). Aufgrund der damaligen Rechtslage, aber vor allem ohne Zustimmung seines Herrn, wollte der Apostel Onesimus nicht bei sich behalten, sondern sandte ihn zu Philemon zurück. Damit er aber dort statt einer harten Strafe eine brüderliche Aufnahme fände, gab Paulus ihm ein Empfehlungsschreiben an diesen und dessen Hausgemeinde mit. Wenn man Kol 4,7ff. beiziehen darf, wofür es gute Gründe gibt, dann befand sich die Hausgemeinde des Philemon in Kolossä, weil an dieser Stelle Onesimus als aus Kolossä stammend charakterisiert wird.

Dieser Brief, der in seinem Aufbau wie die übrigen Briefe des Apostels sich gliedert in Briefeingang (VV. 1–3), Danksagung und Bitte (VV. 4–7), Hauptteil (VV. 8–20) und Briefschluß (VV. 21–25), hebt sich doch von allen anderen ab durch die meisterhafte Art, mit der Paulus Philemon dafür zu gewinnen sucht, daß er seinen entflohenen Sklaven, der nun im Glauben sein Bruder geworden ist, mit aller Herzlichkeit und Liebe aufnehme. In immer neuen Ansätzen, behutsam und zugleich bestimmt, trägt er mit einem bei Paulus sonst nicht gekannten Charme sein Anliegen vor und hofft, daß er bei Philemon und den Seinen ein bereitwilliges Gehör findet. Mit diesem Schreiben, das kein Privatbrief im strengen Sinn ist, da außer Philemon noch andere Personen als Adressaten (V. 2) genannt werden, wollte Paulus freilich nicht die Sklavenfrage grundsätzlich verhandeln. Aber es »gibt uns die Möglichkeit, die paulinische Verkündigung am Schicksal des Sklaven Onesimus bis in ihre alltäglichen Folgen hinein mitzuvollziehen« (*P. Stuhlmacher* 17).

2. Ort und Zeit der Abfassung

Paulus vermerkt mehrfach im Philemonbrief, daß er gegenwärtig im Gefängnis ist. Aber wo ist Paulus zu der Zeit, als er den Philemonbrief schreibt, gefangen? Grundsätzlich kommen drei Orte hierfür in Frage: Rom, Cäsarea am Meer und Ephesus (vgl. dazu die Einleitung zum Philipperbrief).

Gegenwärtig entscheidet man sich vielfach für Ephesus als Abfassungsort des Philemonbriefes. Von hier aus konnte Paulus am ehesten »die in V 22 erwähnten Reisepläne entwerfen, Onesimus zu Philemon zurückschicken und doch erhoffen..., den Sklaven von Philemon wieder als Gehilfen zur Verfügung gestellt zu bekommen... . Bedenkt man die enorme und kostspielige Reiseroute nach und von Rom und die nicht minder langen Reisewege von Kolossä nach Cäsarea, dann erscheint Ephesus als Abfassungsort des Phlm weitaus am wahrscheinlichsten« (*P. Stuhlmacher* 21).

Für diese Entscheidung spricht auch die Tatsache, daß in Kleinasien ein entlaufener Sklave noch größere Chancen hatte, unterzutauchen, als in Rom. Dort hatte man bereits ausgeklügelte Methoden entwickelt, mit deren Hilfe man Sklaven wieder aufgreifen konnte.

Der Brief dürfte unter diesen Voraussetzungen in Ephesus Mitte der fünfziger Jahre verfaßt worden sein.

Offensichtlich hat er für Onesimus zum Erfolg geführt, wenn wir dem Zeugnis des Kolosserbriefes Glauben schenken dürfen.

3. Zum Sklavenwesen in der Antike

Familie und Gesellschaft wurden im Altertum entscheidend geprägt durch das Sklavenwesen. Es war nicht auf irgendwelche Länder beschränkt, Sklaven gab es überall. Die einen traf dieses Schicksal bereits mit der Geburt. Die Kinder einer Sklavin waren wieder Sklaven, während die Kinder einer Freien frei waren, selbst wenn sie einen Sklaven zum Vater hatten. Andere wurden Sklaven, weil sie in Kriegsgefangenschaft gerieten und als Kriegsbeute verkauft wurden. Seit Beginn der Kaiserzeit gewannen für den Sklavenerwerb auch die Aussetzung und der Verkauf von Kindern und ebenso der Selbstverkauf an Bedeutung. Auch Sklavenjagden waren ein beliebtes Mittel, um in den Besitz von billigen Arbeitskräften zu kommen.

Verwendung fanden die Sklaven in den verschiedensten Bereichen. Sie arbeiteten als Arbeiter auf den großen landwirtschaftlichen Gütern, in Handwerksbetrieben, bei Großhändlern, aber auch unter besonders schrecklichen Bedingungen in Bergwerken. Daneben gab es eine große Zahl von Haussklaven und -sklavinnen. Männliche Sklaven wurden als Diener, Köche, Pädagogen und sogar als Ärzte verwendet, Frauen als Ammen und Wärterinnen gebraucht. So bildete sich auch unter den Sklaven eine gewisse Hierarchie heraus. *Plutarch* bemerkt dazu: »den besten gibt man die Aufsicht über den Ackerbau, die Schiffahrt, den Handel, die Haushaltung und die Geldgeschäfte« (zitiert nach *W. Foerster*, Neutestamentliche Zeitgeschichte, Hamburg 1968, S. 211).

Sklaven waren ein Stück Besitz und wurden nicht als Person, sondern wie eine Sache behandelt. Sie waren weitgehend der Willkür ihrer Herren ausgeliefert. *Juvenal* läßt eine Dame, die von ihrem Mann verlangt, einen Sklaven kreuzigen zu lassen, und der nach dem Grund hierfür fragt, da es doch um einen Menschen gehe, die Worte sprechen: »Narr du! Ein Sklave ein Mensch? Mag sein, daß er gar nichts verbrochen! Aber ich will's, ich befehl's, statt Grundes gelte mein Wille« (Übersetzung nach *W. Foerster*, a.a.O., S. 211). Zu Beginn der Kaiserzeit trat allerdings eine gewisse Humanisierung in der Sklavenbehandlung ein.

Ihrem traurigen Schicksal suchten sich Sklaven häufig durch Flucht zu entziehen. Durch Flucht suchte sich ein Sklave auch dann zu retten, wenn er sich etwas hatte zuschulden kommen lassen. Ein entwichener Sklave bedeutete in der Regel für den Besitzer einen beträchtlichen Verlust. Deshalb wurde er häufig steckbrieflich gesucht. In einem solchen Steckbrief aus der Mitte des 2. Jh. v. Chr., der in Alexandrien öffentlich angeschlagen worden war, wird kundgetan, daß einem gewissen Aristogenes sein Sklave mit Namen Hermon entwichen sei. Dann folgt die Aufzählung der wichtigsten Merkmale, an denen dieser erkannt werden kann. Wer ihn ergreift, erhält eine Belohnung. Zweckdienliche Angaben sollten bei der Behörde des Statthalters gemacht werden. Auf gleiche Weise wird noch ein zweiter Sklave gesucht mit Namen Bion, der dem Kallikrates entlaufen ist.

Wurde ein Sklave eingefangen, dann waren »die üblichen Strafen ... Schläge, Fesseln, Brandmarkung ... Staatssklaven konnten in das Zuchthaus ... gesperrt werden. Nur in seltenen Fällen und wenn erschwerende Umstände ... hinzutraten, hören wir davon, daß die Todesstrafe verhängt wurde« (*J. Gnilka* 70).

Ein besonderes Glück bedeutete es für einen Aufgegriffenen oder Reumütigen, wenn er einen einflußreichen Fürsprecher fand, der sich bei seinem Herrn für ihn verwandte. Im Philemonbrief haben wir das Dokument einer solchen Fürsprache vor uns.

ZWEITER TEIL

Kommentar

I. Anschrift und Gruß (1–3)

Dieser kleine, sehr persönlich gehaltene und ein besonderes Anliegen ansprechende Brief beginnt wie alle Briefe des Apostels mit der Angabe der Absender und der Adressaten sowie einem Segensgruß. Aber nur in diesem Schreiben bezeichnet sich der Verfasser überhaupt und schon zu Beginn als Gefangener Christi Jesu. Dagegen verweist er sonst meist auf seinen Apostolat (vgl. Röm 1,1; 1 Kor 1,1; 2 Kor 1,1; Gal 1,1). Es ist eine andere Art von Autorität, mit der Paulus im Philemonbrief den Angesprochenen gegenübertritt. Sie gründet in der Tatsache, daß er im Dienste des Evangeliums leidet und um Christi willen im Gefängnis sitzt. Aber nicht um Mitleid zu erregen, bezeichnet er sich als Gefesselter Christi, sondern diese Fesseln dokumentieren »wie nichts anderes ... seine totale Bindung an Christus« (*J. Ernst* 128). Wer sich aber so restlos mit Leib und Leben Christus ausgeliefert hat, der hat auch einen besonderen Anspruch darauf, daß man seine Bitte hört und erhört.

Als Mitabsender nennt der Apostel, wie auch in anderen Briefen (vgl. 2 Kor 1,1; Phil 1,1; 1 Thess 1,1), Timotheus, der nach Apg 16,1 aus Lystra gebürtig war, Sohn einer jüdischen Mutter und eines griechischen Vaters. Im Brief an die Gemeinde von Philippi stellt Paulus diesem Mitarbeiter das Zeugnis aus, daß er sich in hervorragender Weise um das Evangelium mühte (Phil 2,22, vgl. 1 Kor 16,10). In seinem Auftrag war er mehrfach zu den vom Apostel gegründeten Gemeinden unterwegs (vgl. 1 Kor 4,17; 16,10; Phil 2,19; 1 Thess 3,2.6). »Wahrscheinlich war er Philemon von Ephesus her bekannt« (*J. Reuss* 48). Paulus bezeichnet ihn hier lediglich als Bruder, also mit jenem Namen, der für alle Christen gilt. Das Band der Bruderschaft soll Christen immer untereinander verbinden, gleich welche Stellung und Aufgaben sie sonst im einzelnen haben.

Wenn Timotheus als Mitabsender des Briefes hervortritt, dann bedeutet das nicht, daß er auch dessen Mitverfasser ist. Zu sehr beherrscht der Apostel als Verfasser das ganze Schreiben. Bereits die Danksagung (V. 4) formuliert er im Singular, und die entscheidenden Bitten und Feststellungen des Briefes erfolgen ebenfalls in der ersten Person Singular, z.T. mit Nennung des eigenen Namens (vgl. VV. 9f.12ff.17.19.20ff.). Aber Timotheus steht voll und ganz hinter dem Anliegen dieses Briefes. Paulus wird bei einer so delikaten Angelegenheit seinen Gefährten zu Rate gezogen haben.

An erster Stelle nennt der Apostel nun als Adressaten »unseren geliebten Mitarbeiter Philemon«. Er ist der Vorstand jener Hausgemeinde, die abschließend ebenfalls gegrüßt wird, und wurde von Paulus selbst, möglicherweise in Ephesus, zum Evangelium bekehrt (vgl. V. 19). Wenn er ihm das Attribut »geliebt« zuspricht, ist das nicht etwa eine oberflächliche Floskel. Auch erwächst es nicht primär aus persönlicher Sympathie, sondern aus dem Wissen um das gemeinsame Verbundensein in der Liebe Christi. Wer aber in solche Liebe eingebunden ist, kann sich schwerlich dem anstehenden Problem verweigern. Der Titel »Mitarbeiter« charakterisiert ihn dabei als einen, der sich im Dienst des Evangeliums vor Ort besonders auszeichnet.

Dem Genannten folgt als zweiter Adressat Aphia, eine Frau, die von Paulus Schwester genannt wird. Man darf in ihr wohl die Frau des Philemon sehen. Wie ihr Mann ist sie bereits Christ, was durch den Schwesternamen belegt wird, und wird durch ihren Gatten zum Glauben gekommen sein. Dem Schreiber des Briefes lag sehr daran, auch sie eigens zu erwähnen, da damals vor allem die Frauen es bei ihren häuslichen Pflichten mit den Sklavinnen und Sklaven zu tun hatten. Aphia hat deshalb ein gewichtiges Wort mitzureden, wenn es um das Schicksal des Sklaven Onesimus geht. Sie wird zwischen zwei Männern genannt, die beide offensichtlich große Verdienste um das Evangelium hatten. Man wird daher auch sie unter solcher Rücksicht sehen dürfen. »Ohne den Einsatz der Frauen hätte sich das urchristliche Gemeindeleben nicht so rasch und intensiv entfalten können« (*J. Gnilka* 16).

Die Liste der persönlich genannten Adressaten wird abgeschlossen mit »Archippus, unserem Mitstreiter«. Die ältere Exegese sah in ihm einen Sohn des Ehepaars Philemon und Aphia. Dafür lassen sich keine überzeugenden Gründe anführen. Aber in irgendwelchen verwandtschaftlichen oder freundschaftlichen Beziehungen zu ihnen wird er gestanden sein und in der Hausgemeinde eine besondere Rolle gespielt haben. Wenn Paulus ihn »unseren Mitstreiter« nennt, dann ist dieses Wort »stärker als der ›Mitarbeiter‹ durch die Beteiligung am Missionswerk geprägt (vgl. Phil 2,25)« (*J. Ernst* 129).

Über diese Einzelpersönlichkeiten hinaus wendet sich der Apostel mit seinem Brief noch an die Hausgemeinde des Philemon insgesamt.

Urchristliche Hausgemeinden

In den Hausgemeinden begegnet uns das Haus als eine Gemeinde konstituierende Größe. Um diesen Vorgang noch präziser erfassen zu können, muß man wissen, daß »Haus« ein Zweifaches bedeuten kann. Es ist zum einen das Wohnhaus, in dem eine Familie lebt, zum andern können darunter auch die Bewohner eines Hauses verstanden werden, also die Familie im weitesten Sinn.

Diesen beiden Verstehensmöglichkeiten entsprechend kann nun einmal die Hausgemeinde danach definiert werden, daß sie sich in einem bestimmten Haus einfindet, unabhängig von eventuellen verwandtschaftlichen oder sonstigen Beziehungen der sich Einfindenden.

»Generell ist zu sagen: ein römisches Atriumhaus, eine stadtrömische Insula (mehrstöckige Mietshäuser mit Geschäftsräumen im Erdgeschoß), ein griechisches Peristylhaus oder ein hellenistischer Mischtyp mit Hof und angrenzenden Räumen, sie alle boten ohne weiteres Platz für eine Versammlung von etwa 10 bis 20 oder auch mehr Personen« (*H. J. Klauck* 17f.). Maximal wird man mit einem Fassungsvermögen von ca. 30 bis 40 Personen rechnen dürfen.

Anders stellt sich die Sache in Palästina dar. Das gewöhnliche palästinensische Haus hat nur einen Raum. Doch kennt man auch dort »geräumigere Hausanlagen mit mehreren Zimmern, zwei bis drei Stockwerken und einem Innenhof« (a.a.O., S. 18).

Geht man aber nun für das Verständnis der »Gemeinde im Hause« von den Hausbewohnern aus, dann setzt sich die Kirche im Kleinen zunächst aus denen zusammen, die nach damaligem Verständnis eine Hausgemeinschaft bildeten. Hier ist in erster Linie der Hausherr, Mann und Vater zu nennen. Dann gehören dem Haus an die Frau bzw. Frauen, die Kinder und die Sklaven, die freilich nur als lebendes Inventar angesehen wurden. Doch bleibt die Familie auch noch für weitere Familienangehörige oder Freunde offen. Eine christliche Hausgemeinde kann durchaus durch beide Gegebenheiten geprägt sein. Sie kann die Mitglieder eines Hauses ganz oder teilweise umfassen (von der Hausgemeinde des Philemon wissen wir aus unserem Brief, daß der dem Haus zugehörige Sklave noch nicht Christ geworden war), sie kann sich aber darüber hinaus auch auf andere Personen erstrecken, die sich im geräumigen Hause eines wohlhabenden Mitchristen einfanden.

Die Texte des Neuen Testaments erwähnen eine beträchtliche Zahl solcher Hausgemeinden oder verweisen wenigstens indirekt auf solche. Ausdrücklich nennt Paulus z.B. im 1. Korintherbrief die Hausgemeinde des Aquila und der Priska in Ephesus. Dieses Ehepaar wurde durch das Judenedikt des Kaisers Klaudius aus Rom vertrieben und hatte sich zunächst in Korinth niedergelassen. Paulus fand bei ihnen, da er den gleichen Beruf ausübte, Unterkunft und Arbeit (Apg 18,2f.). Von diesem Haus aus begann er seine Mission in Korinth, und bei Aquila und Priska werden sich auch die ersten Gläubigen Korinths zu einer Hausgemeinde zusammengefunden haben.

Mit Paulus zogen beide dann später nach Ephesus, wo sie nach Ausweis von 1 Kor 16,19 wiederum eine Hausgemeinde um sich sammelten. Wenn Röm 16 von Anfang an zum Römerbrief gehört, was freilich in der Forschung umstritten ist, dann hat dieses Ehepaar – nach Rom zurückgekehrt – erneut eine Gemeinde in ihrem Hause beherbergt (Röm 16,3 ff.). Für sie hat Paulus mit guten Gründen herzliche Worte des Dankes (Röm 16,4).

In Korinth gab es eine Reihe von Hausgemeinden, die sich zu besonderen Anlässen zu einer Vollversammlung zusammenfanden (vgl. 1 Kor 14,23), um dort in großer Gemeinschaft zu begehen, was sie sonst im Kleinen vollzogen: Gebet und Herrenmahl. Und andernorts wird man ähnlich verfahren sein. In diesen Hausgemeinden fanden christliche Wanderprediger Herberge und Unterstützung, und dort war auch »der Ort der katechetisch-lehrhaften Unterweisung« (*H. J. Klauck* 62).

Die Hausgemeinde war aber keine originär christliche Einrichtung. Sie hat ihre Vorbilder in der heidnischen und jüdischen Umwelt.

So pflegte die griechisch-römische Welt einen ausgeprägten Hauskult. *Cicero* rühmt: »Was ist heiliger, was durch jede Religionsübung besser gesichert als das Haus eines jeden einzelnen Bürgers? Hier sind der Altar, hier der Herd, hier die Familiengötter, hier sind Heiligtum, Gottesdienst und aller Kult vereint. Dieser Zufluchtsort ist aller Welt so heilig, daß es für Frevel gilt, jemanden von dort wegzureißen« (Übersetzung nach *H. J. Klauck* 83). Dazu kommen die Privatkulte, »die sich in Häusern abspielen, aber nicht auf eine Familie beschränkt sind, sondern Gemeinden um sich sammeln« (*H. J. Klauck* 85), und die in der Antike häufig begegnenden Vereine mit ihrem jeweiligen Versammlungsraum.

Größeren Einfluß aber wird die jüdische Umwelt auf die Entstehung christlicher Hausgemeinden ausgeübt haben. Das jüdische Haus selbst war ein Zentrum gelebten Glaubens. Hier wurde der Ablauf des täglichen Lebens geheiligt im Morgen-, Mittag- und Abendgebet. Hier wurde jede Woche in feierlicher Form der Sabbat begangen. Die großen Feste des Jahres spiegelten sich in den Bräuchen, die aus diesem Anlaß im Familienkreis gepflegt wurden. Insbesondere die Feier des Paschafestes ist zu erwähnen, denn »jedes Haus erhält für diese Zeit den Charakter und die Weihe eines

Tempels« (*Philo v. Alexandrien*, zitiert nach *H. J. Klauck* 93).

Eine besondere Rolle wird für die Entstehung der christlichen Hausgemeinden die Synagoge des Judentums gespielt haben. Synagogen entstanden – wie mehrfach Ausgrabungen belegen – öfter aus Privathäusern, die zu Synagogen umgebaut wurden, wobei der ehemalige Besitzer bisweilen Teile davon auch weiterhin bewohnte. »Bedenkt man, daß das Missionschristentum in seinem Kern aus der Synagoge und dem um sie versammelten Kreis der sog. Gottesfürchtigen herauswuchs, drängt sich die These auf, daß die jüdischen Haussynagogen das eigentliche Vorbild für die neu entstehenden christlichen Hausgemeinden gewesen sind« (*P. Stuhlmacher* 72f.).

Zum ganzen vergleiche vor allem: *H. J. Klauck*, Hausgemeinde und Hauskirche im frühen Christentum, Stuttgart 1981.

Die Angelegenheit, um die es Paulus geht, betrifft also durchaus nicht nur Philemon. Das Schreiben ist kein Privatbrief im strengen Sinn des Wortes. Alle, die hier Genannten, sind angefragt, wie sie zu dem zu ihnen zurückkehrenden Onesimus stehen werden. Vor allem aber wird Philemon als der Vorsteher dieser Hausgemeinde seine Entscheidungen und sein Verhalten vor ihr zu rechtfertigen haben.

Formelhaft schließt der Briefeingang mit dem Gnaden- und Friedensgruß (vgl. Röm 1,7; 1 Kor 1,3; 2 Kor 1,2). Gerade in diesem Brief gewinnt ein solcher Segensgruß eine besondere Bedeutung. Das göttliche Geschenk der Gnade und des Friedens, in Christus Jesus den Glaubenden gewährt, gestattet der Gemeinde kein willkürliches Verhalten mehr dem neuen Bruder Onesimus gegenüber. An ihr muß sich erweisen, wie sehr die Kraft des Geistes wirksam ist, wie weit ihre Glieder zur Versöhnung und Liebe bereit sind.

II. Dankgebet des Apostels (4–7)

Dem Eingangsgruß folgt die Danksagung an Gott (V. 4), verbunden mit der Angabe dessen, wofür bzw. weshalb man dankt (V. 5), und einem Gebetswunsch für den Empfänger des Briefes (V. 6). Den Dank beschließt die Kundgabe großer Freude und Zuversicht des Verfassers über das vergangene Verhalten des Adressaten.

Nicht nur einmal oder mehrmals, sondern – so beteuert der Apostel in überschwenglichen Worten – immer, wenn er in seinen Gebeten des Philemon gedenkt, kann er das nur unter Danksagung tun. Dazu veranlaßt ihn die Nachricht, die er vielleicht von Onesimus erhalten hat, von der Liebe und dem Glauben Philemons. Wenn er die Hoffnung dabei nicht erwähnt (vgl. dagegen 1 Thess 1,3; 1 Kor 13,13), so liegt dies an der Situation, die der Apostel im Auge hat. Es geht um ein Problem der Gegenwart. Da sind vor allem Glaube und Liebe gefordert, wobei die Liebe noch den Vorrang hat. Deshalb nennt er sie an erster Stelle. Daß Philemon diese Liebe in uneingeschränktem Maße zuerkannt wird – er erweist sie allen Heiligen, d.h. allen Christen, die an die Stelle des alten Gottesvolkes getreten sind und deshalb heilig genannt werden –, mag in der frohen Stimmung des Danksagens begründet sein. Doch hat sich Philemon tatsächlich dadurch ausgezeichnet, daß seine Liebe nicht auf das eigene Haus eingegrenzt blieb. Und auch sein Glaube, der im gemeinsamen Bekenntnis der Kirche zu Jesus als dem Kyrios, dem Herrn, seinen Ausdruck findet (vgl. Röm 10,9; 1 Kor 12,3; Apg 2,36), ist rühmenswert. Beides, Glaube und Liebe, gehört entscheidend zur christlichen Existenz. Im Glauben hat die Liebe ihren Wurzelgrund, und der Glaube soll durch die Liebe wirksam werden.

Der Dank des Apostels geht unversehens über in ein Gebet, dessen Anliegen für uns nicht recht deutlich wird. Vielleicht darf man die Bitte so verstehen, daß Philemon durch die Anteilhabe am Glauben immer mehr befähigt werde, zu erkennen und anzuerkennen, »welches Gut dem Glaubenden geschenkt ist und nun in tätiger Liebe in Erscheinung treten soll« (*E. Lohse* 271) zur Verherrlichung Christi. Der Apostel kann dieses Gebet mit großer Zuversicht sprechen, da die Liebe des Philemon sich bereits in der Vergangenheit bewährte und ihm dadurch große Freude und Trost bereitet worden war. Zutiefst ist er davon berührt, wie dieser die Herzen der Gläubigen erquickte. Ob dabei an eine einzelne herausragende Tat des Philemon gedacht werden soll oder an seine fortwährende Fürsorge um die Mitchristen, wird sich nicht eindeutig entscheiden lassen. Er hat sich jedenfalls in besonderer Weise als Christ und Bruder erwiesen. Deshalb soll der Brudername das letzte Wort der Danksagung sein. Doch verbindet sich damit »auch eine Art ›Captatio benevolentiae‹. Schließlich schreibt Paulus ja mit einer ganz bestimmten Absicht« (*J. Ernst* 132). Der Liebe des Philemon wird einiges zugemutet werden.

III. Fürsprache für Onesimus (8–20)

Nun, da der Apostel sein Anliegen konkret in Angriff nimmt, geht er sehr behutsam vor. Noch bleibt das Entscheidende unausgesprochen. Der Leser soll zunächst erfahren, wie wenig autoritär er in dieser Sache verfahren will. Obwohl ihm seine von Christus verliehene apostolische Vollmacht das Recht geben würde, das, was der Wille Christi zu tun erfordert, in Form eines Befehls auszusprechen, verzichtet er auf eine Einflußnahme solcher Art. An die Stelle des Befehlens tritt das Bitten um der Liebe willen. »Solches Zurücknehmen der apostolischen Autorität ist der Intention des Briefes angemessen, da Paulus ja auch von Philemon eine Überwindung der Strukturen von Über- und Unterordnung verlangt« (*W. Egger* 82f.). Es fällt eine Entscheidung darüber schwer, wie Paulus die betonte Bemerkung »um der Liebe willen« verstanden wissen will. Ist es die Liebe des Apostels, die jene Zurückhaltung bedingt, so daß »Paulus ... mit Philemon« umgeht, »nicht wie der Apostel mit dem Schüler, sondern wie ein Bruder mit dem Bruder« (*J. Gnilka* 42)? Oder meint er damit die Liebe des Philemon, die nun erneut zum Tragen kommen soll? Verzichtet er auf den Befehl, »um die Freiheit zur Liebe einzuräumen und zu wahren« (*P. Stuhlmacher* 37)?

Man könnte auch daran denken, daß er einfachhin auf die Liebe verweisen wollte, »in der Christen einander begegnen und miteinander umgehen« (*E. Lohse* 277). Sein Bitten erfährt aber noch eine besondere Unterstützung durch die Umstände, in denen sich der Apostel befindet. Da ist zunächst sein Lebensalter. Paulus ist ein alter Mann. So spricht er sicher zu einem Jüngeren, der dadurch bewegt werden soll, das Wort des Älteren ernst zu nehmen. Es läßt sich freilich durch die griechische Bezeichnung presbýtes: »alter Mann« nur recht undeutlich das tatsächliche Lebensalter des Apostels feststellen. »Nach Hippokrates hat der« presbýtes »ein Alter von 50–56 Jahren. Jedoch in den Papyri kann gelegentlich ein 68jähriger« presbýtes »genannt werden« (*J. Gnilka* 43). Nach dem, was wir sonst aus der Paulus-Biographie wissen, stand er zu dieser Zeit wohl in der Mitte des sechsten Lebensjahrzehntes, und der harte missionarische Dienst wird bereits seine Spuren bei ihm hinterlassen haben. Überdies schreibt er seine Bitte aus der Gefangenschaft. Der Hinweis auf sein Alter und seine Fesseln um Christi willen kann bei Philemon seine Wirkung nicht verfehlen.

Jetzt nach diesen vorbereitenden Worten wird er in seinem Bitten konkreter. Vorerst aber bleibt noch der Name dessen, um den es geht, im Hintergrund (im griechischen Text steht er am Ende des V. 10). Erst informiert er darüber, wie er, Paulus selbst, zu diesem steht. Er ist sein Kind, das er im Kerker gezeugt hat. Dabei handelt es sich um einen entlaufenen Sklaven. Solche wurden meist steckbrieflich gesucht. Wurde ein entflohener Sklave ergriffen, dann mußte er zu seinem Herrn zurückgebracht werden. Der konnte ihn so bestrafen, wie er es für nötig erachtete. Es war für den Aufgegriffenen bisweilen sogar lebensentscheidend, ob er einen Fürsprecher fand, der mit seinem Herrn befreundet oder wenigstens bekannt war.

Ein solches Bittschreiben ist uns erhalten. *Plinius d. J.* schreibt an einen gewissen Sabinianus, um sich für einen Entflohenen einzusetzen, der zu ihm gekommen war: »Mein lieber Sabinianus, Dein Freigelassener, über den Du Dich, wie Du gesagt hattest, so ärgerst, ist zu mir gekommen, hat sich mir zu Füßen geworfen und blieb dort liegen, als läge er vor Dir. Lange weinte er, er bat lange, er schwieg auch lange; kurz, er machte mir den Eindruck aufrichtiger Reue. Ich halte ihn wirklich für gebessert, da er einsieht, einen Fehler begangen zu haben. Du bist zornig, das weiß ich, und Du bist mit Recht zornig, auch das weiß ich. Aber gerade dann ist Milde besonders lobenswert, wenn der Grund zum Zorn am berechtigtsten ist. Du hast den Mann geliebt und, hoffe ich, wirst ihn wieder lieben; inzwischen genügt es, wenn Du Dich erweichen läßt. Du wirst auch wieder zornig werden dürfen, wenn er es verdient; denn hast Du Dich einmal erweichen lassen, wird auch jenes entschuldbarer sein. Halte seiner Jugend, halte seinen Tränen, halte Deiner Nachsicht etwas zugute. Quäle ihn nicht, quäle auch Dich nicht – Du quälst Dich nämlich, wenn Du, ein so gütiger Mensch, zornig bist. Ich fürchte, es möchte scheinen, ich bäte Dich nicht, sondern nötigte Dich, wenn ich mich seinem Flehen anschließe; doch kann ich mich ihm um so bereitwilliger und ungehemmter anschließen, je schärfer und strenger ich ihn getadelt habe mit der unumwundenen Drohung, in Zukunft nie wieder für ihn bitten zu wollen. Dies sagte ich ihm, dem ich einen Schrecken einjagen mußte. Dir gegenüber sage ich dies nicht, denn vielleicht werde ich nochmals bitten, auch Gewährung nochmals bekommen; nur muß es etwas sein, das sich für mich zu bitten, für Dich zu erfüllen ziemt. Dein Gaius Plinius.«
(zitiert nach *A. Suhl* 23)

Auf diesem Hintergrund gewinnt die liebevolle Benennung: »mein Kind, dem ich im Gefängnis zum Vater geworden bin« eine besondere Bedeutung. Der, für den Paulus bittet, steht zu ihm in engster Beziehung, er ist sein geistiger Sohn; er hat ihm durch die Verkündigung des Evangeliums, das dieser angenommen hat, ein neues Leben geschenkt (vgl. 1 Kor 4,15: »Hättet ihr nämlich auch ungezählte Erzieher in Christus, so doch nicht viele Väter. Denn in Christus Jesus bin ich durch das Evangelium euer Vater geworden.« Paulus sagt an anderer Stelle das gleiche mit dem Bild von der Mutterschaft aus. In Gal 4,19 spricht er von seinen Kindern, »für die ich von neuem Geburtswehen erleide, bis Christus in euch Gestalt annimmt«.). Der Gedanke einer geistigen Vaterschaft war auch sonst in religiösen Gemeinschaften bekannt. Wir finden ihn in den Mysterienreligionen, vor allem auch in der Mönchsgemeinschaft von Qumran.

Vielleicht wollte der Apostel mit dieser Bemerkung auch Philemon in Erinnerung rufen, daß auch er sein Kind durch die Annahme des Evangeliums geworden war (vgl. V. 19). Sind dann nicht der, für den Paulus bittet, und er, Philemon, auf jener geistigen Ebene Brüder?

So eingestimmt erfährt er endlich, um wen es eigentlich geht. Es ist Onesimus, sein entlaufener Sklave. Wie um den spontan aufbrechenden Unwillen des Angesprochenen aufzufangen, pflichtet Paulus zunächst der Erfahrung bei, die dieser einst mit Onesimus gemacht hatte. Der stammte aus Kolossä in Phrygien, und phrygische Sklaven wurden für besonders unzuverlässig und unbrauchbar gehalten. Er hatte offensichtlich seiner Herkunft alle Ehre gemacht. Jetzt aber – so versichert Paulus dem wohl skeptischen Philemon –, nach seiner Hinwendung zu Christus, ist er für dich und für mich selbst von großem Nutzen. Wahrscheinlich hat Paulus mit dem Wortspiel: brauchbar – unbrauchbar auf den Namen des Entlaufenen angespielt: Onesimus, der Nützliche. Der Name reiht sich »in zahlreiche andere Sklavennamen ein, die auf die erhoffte Brauchbarkeit und Tüchtigkeit des Sklaven abheben wie Onesiphoros, Symphoros, Chresimos, Chrestos oder Carpus« (*J. Gnilka* 46). Mit großem Taktgefühl räumt Paulus durch die Voranstellung des »für dich« Philemon das Vorrecht auf Onesimus ein. Doch hat der Apostel durch dessen Bekehrung und die dadurch entstandene geistige Vaterschaft ebenfalls einen Anspruch auf ihn. Zugleich bietet er mit der Feststellung, er sei ihm jetzt recht nützlich, den Beweis aus eigener Erfahrung, daß sich bei dem Flüchtigen Entscheidendes geändert hat. Er hat ihm in der Gefangenschaft bereits gute Dienste erwiesen.

Nun aber hat er ihn zu seinem Herrn zurückgesandt (V. 12). Weshalb behielt der Apostel den Entlaufenen nicht bei sich und forderte Philemon auf oder bat ihn, seinem Sklaven die Freiheit zu schenken? Paulus lag nicht an einer gesellschaftlichen Umwälzung. Er wollte nicht die rechtlichen Verhältnisse ändern, die vorschrieben, daß ein aufgegriffener Sklave zu seinem Herrn zurückgebracht werden mußte. Ihm lag vielmehr daran, daß sich unter den bestehenden sozialen Gegebenheiten Christen in anderer Weise als ihre Umwelt, in Liebe, begegneten und so die alten Strukturen mit neuem Geist erfüllten. Philemon selbst sollte den Fall des geflohenen Sklaven im rechten Sinne entscheiden. »Es handelt sich also nicht um eine bloße Rücksendung, sondern um eine über einen Schuldiggewordenen zu treffende Entscheidung« (a.a.O., S. 46). Dabei kommt Philemon freilich bei seiner Aufnahme des Entflohenen und seinem Urteil über ihn nicht an der Tatsache vorbei, daß Paulus in ihm sein eigenes Herz zu ihm schickt (V. 12b). In Onesimus begegnet seinem Herrn Paulus selbst, der von ihm gewiß herzliche Zuneigung und beste Aufnahme erwarten darf. Bei solch enger Verflechtung von Sklave und Apostel kann der Sklaveneigner nicht mehr nur nach rein rechtlichen Kategorien verfahren.

Die folgenden Zeilen (V. 13f.) informieren den Empfänger des Briefes darüber, daß der Absender durchaus auch andere Überlegungen angestellt hat. Es war zunächst seine Absicht, den Entlaufenen bei sich zu behalten. Denn dazu wäre er ja berechtigt gewesen, da Philemon auf diese Weise eine ihm geschuldete Verpflichtung hätte ableisten können. Wie er nämlich von Paulus geistige Güter empfangen hat, so war Philemon dem Apostel seinerseits zu materieller Dienstleistung verpflichtet. »Wer im Evangelium unterrichtet wird, lasse seinen Lehrer an allem teilhaben, was er besitzt« (Gal 6,6; vgl. 1 Kor 9,13f.). Vor allem aber hätte er guten Gewissens den Dienst des Onesimus weiterhin beanspruchen können, da er im Gefängnis auf solche Hilfe mehr als sonst angewiesen war. In dieser persönlichen Einschränkung bedurfte er in besonderer Weise der Gegenwart von Menschen, die für ihn Besorgungen machten und ihm in den alltäglichen Dingen beistanden (vgl. Phil 2,25.30; Apg 24,23). Trotzdem traf der Apostel eine andere Entscheidung. Aber er sieht dessen Rückkehr zu Philemon nicht in erster Linie als eine vom Recht auferlegte, die Sklavenflucht betreffende Pflicht, vielmehr will er in dieser Sache nichts ohne das Einverständnis des Philemon tun, der sich frei, nicht aus Zwang, für das Gute entscheiden soll. Paulus läßt es bewußt offen, wie er sich das Gute als das vom Adressaten zu Erbringende denkt. Er legt sich nicht auf Freilassung oder Rücksendung des Onesimus fest. Philemon soll unter dem Gesichtspunkt der Liebe darüber befinden.

Mit keinem Wort ist der Apostel bis jetzt auf den Sachverhalt eingegangen, welcher die eigentliche Ursache für seine gegenwärtigen Bemühungen war. In behutsamer Weise kommt er nun auf dieses heikle Thema zu sprechen, die Flucht des Sklaven Onesimus (V. 15). Die rücksichtsvolle Sprache erstaunt. Der Apostel spricht »hier nicht von der Flucht des Onesimus, sondern von einer ›Trennung‹, die durch Gottes Fügung ... für kurze Zeit herbeigeführt wurde« (*J. Reuss* 49). Freilich setzt er an den Anfang das Wörtchen: »vielleicht«. Er maßt sich also nicht an, die Pläne Gottes unbedingt zu kennen. Aber er wagt eine göttliche Sicht der Dinge. Die vorübergehende kurze Trennung sollte – davon ist Paulus überzeugt – eine immerwährende Gemeinschaft bewirken. Dies ist doch wohl so zu verstehen, daß Philemon »als Bruder und Christ für immer bis in die Ewigkeit Gottes hinein, mit ihm vereint sein soll« (*J. Gnilka* 50). Der zurückgekehrte Sklave steht nun in einer anderen Bindung zu seinem Herrn als ehedem. Durch seine Hinwendung zum Evangelium und in der Taufe ist er ein anderer geworden. Gewiß, Onesimus bleibt Sklave. Aber seine Einschätzung hat sich geändert, denn er ist seinem Herrn ein geliebter Bruder geworden. Der sonst von Paulus spärlich verwendete Ausdruck signalisiert eine besondere Intensität der Aussage (vgl. 1 Kor 15,58; Phil 4,1). In dieser Bruderschaft gemeinsamen Christseins, deren Wesenszug die Liebe ist, zählt nicht mehr das Jude- oder Griechesein, nicht mehr der Stand des Freien oder des Knechts, nicht der Unterschied der Geschlechter (Gal 3,27f.; 1 Kor 12,13).

Paulus selbst hat Onesimus schon seit seiner Bekehrung als

Bruder erfahren dürfen. Noch mehr aber soll das für Philemon gelten, einmal »im Raum des gemeinsamen Glaubens«, aber auch »in den rein menschlichen Verhältnissen, in den alltäglichen Lebensvollzügen« (a.a.O., S. 52). Ob nicht Paulus hier doch auf die Freilassung des Onesimus anspielt? Wie sollte er sonst Bruder im Alltag sein können bei der gewaltigen Distanz von Herren und Sklaven?

Jetzt, da der Boden auf vielfache Weise bereitet ist, spricht Paulus sein Anliegen zum ersten Mal direkt aus (V. 17). Er verknüpft es allerdings noch mit einer Bedingung: »Wenn du dich mir verbunden fühlst«. Aber niemand wird bestreiten, daß Paulus und Philemon in der Gemeinschaft des Glaubens stehen und sich darin verbunden wissen. Darüber hinaus hat sich Philemon auch bereits als Mitarbeiter des Apostels bewährt (vgl. V. 1). Solche Solidarität möge er nun auch Onesimus gegenüber bekunden. Paulus fordert von Philemon für den Heimkehrenden die gleiche herzliche Art der Aufnahme, wie sie ihm selbst in dessen Haus zuteil werden würde. Das bedeutet konkret eine Aufforderung zum Verzicht auf alles, womit er Onesimus rechtmäßig hätte bestrafen können. Einen »Gefährten« treffen keine Strafen, sondern begegnen Sympathie und Liebe. Trotz allem übersieht Paulus nicht das Unrecht, das Philemon durch die Sklavenflucht widerfuhr. Allerdings formuliert er auch hier wieder in der gleichen begütigenden Art, die den ganzen Brief durchzieht. Statt einer nüchternen Feststellung des Sachverhalts kleidet er das ganze in einen Bedingungssatz: »Wenn er dich aber geschädigt hat oder dir etwas schuldet, ...« (V. 18). Ein entlaufener Sklave hat seinen Herrn allein schon durch die Flucht geschädigt, da er für die Arbeit ausfiel, die ihm zugedacht war. Vielleicht hat Onesimus Philemon aber auch bestohlen, um sich dadurch die Flucht erst zu ermöglichen. Der Verweis auf ein mögliches Schulden legt dies nahe. Dem Apostel jedenfalls ist daran gelegen, daß die Schädigung des Herrn in Ordnung gebracht wird. Deshalb fordert er Philemon auf, ihm selbst auf die Rechnung zu setzen, was er an Einbuße durch Onesimus erlitt. Wenn man die Ernsthaftigkeit dieses Angebots gelegentlich bezweifelt, weil Paulus als Gefangener doch selbst mittellos gewesen sei, sollte man bedenken, wie der Apostel sich mit den eigenen Händen weitgehende finanzielle Unabhängigkeit erarbeitete, und man sollte auch nicht vergessen, daß er gerade in seiner Gefangenschaft in Ephesus von Philippi aus wirksame Unterstützung durch den Gemeindebeauftragten Epaphroditus erhielt (Phil 2,25; 4,10.18). Paulus steht für den Schaden gerade, den sein »Kind« verursacht hatte. Mit eigener Hand gibt er schriftlich die Garantie dafür. Freilich müßte bei der Diskussion um solche finanziellen Verbindlichkeiten dem Philemon bewußt werden, daß auch sein Konto im Blick auf Paulus nicht ausgeglichen ist. Philemon hat durch Paulus den Glauben an das Evangelium gewonnen, daher obliegt ihm wiederum eine Verpflichtung zur materiellen Unterstützung des Apostels. Der Verlust durch Onesimus könnte dieser Schuld zugeschlagen werden. Aber Paulus besteht nicht auf einem solchen finanziellen Ausgleich. Statt dessen wünscht er sich, daß ihm durch seinen Bruder Philemon jetzt eine besondere Freude zuteil wird (V. 20), nämlich, daß dieser als Christ handelt und seinen entlaufenen Sklaven mit offenem Herzen an- und aufnimmt. Dann darf auch er an jener Liebe teilhaben, die Philemon schon vielen anderen erwies (vgl. V. 7). Aus einem solchen Wunsche wird wieder die gleichsam schicksalhafte Verbundenheit zwischen Paulus und Onesimus offenbar. Seinen Wunsch verankert Paulus im Herrn, in Christus. Mit menschlich-natürlichen Gefühlen allein ist da nichts zu erwarten. Vielmehr nimmt in dieser Lage der Apostel Philemon »gleichsam bei der Hand und ›glaubt ihm vor‹, was zu tun ist. Er schlägt eine Schneise in das Dickicht der Gefühle, die die klare Sicht zu behindern drohen, und zeigt Philemon genau den Ort, wo sich sein Glaube jetzt zu bewähren hat« (*A. Suhl* 36).

IV. Grüße und Segen (21–25)

Paulus kommt in seinem Brief zum Ende. Er hat ihn verfaßt, vielleicht sogar in seiner Gänze persönlich geschrieben, im Vertrauen auf den Gehorsam des Philemon. Ist das nun doch ein Verweis auf seine apostolische Autorität, die er nach Vers 8 gerade nicht in Anspruch nehmen wollte? Eher denkt der Apostel an den Glaubensgehorsam, der in der Liebe wirksam werden soll (vgl. Gal 5,6). Und sein »Vertrauen ist ein menschliches, brüderliches Vertrauen auf die Christlichkeit des Philemon« (*J. Gnilka* 88). Damit verbindet sich für ihn die Gewißheit, daß Philemon mehr tun wird als das, was er zur Sprache bringt. Dieses ›Mehr‹ freilich wird wieder nicht näher bestimmt. Dachte der Apostel an die Freilassung des Onesimus, an seine Rücksendung zu ihm, an eine Freistellung für den Dienst am Evangelium? Oder hat Paulus bewußt so wenig konkret formuliert, um der Liebe freien Raum zu gewähren? Die Grußliste Kol 4,7–9 spricht jedenfalls dafür, daß Philemon Onesimus freigegeben bzw. dem Apostel als Mitarbeiter überlassen hat.

Mit den abschließenden Zeilen verbindet der Apostel noch die Bitte an Philemon, er möge ihm selbst eine Herberge, wohl in seinem eigenen Haus, bereiten. Diese Ankündigung seines Besuches wird als hohe Ehre verstanden worden sein, vielleicht aber auch als ein gelinder Druck, seiner Bitte, Onesimus betreffend, nachzukommen. Die Lage des Apostels hat sich – wie diese Zeilen zeigen – so entwickelt, daß er begründete Hoffnung haben konnte, wieder freizukommen. Dank ihrer Bitten wird Gott ihn nicht nur Philemon, sondern der Hausgemeinde insgesamt zurückgeben. Paulus kam tatsächlich frei, hat allerdings die Gemeinden des Lykostals nicht besucht. Er zog von Ephesus weiter nach Mazedonien. »Vermutlich hielt er die in Makedonien auf ihn wartenden Aufgaben für dringlicher« (a.a.O., S. 90).

Um die gegenseitige Verbundenheit noch zu bestärken, stellt Paulus eine ziemlich umfangreiche Grußliste an den Schluß seines Schreibens. Die Grüße richten sich nicht an die Hausgemeinde insgesamt, sondern nur an Philemon, ein erneuter Beweis dafür, daß er es war, auf den es im Fall des Onesimus ankam.

Die Reihe der Grüßenden wird angeführt durch Epaphras. Er

stammt aus Kolossä (Kol 4,12) und war der Begründer der dortigen Christengemeinde (Kol 1,7). Sein missionarischer Einsatz erstreckte sich insbesondere auch auf das Gebiet um Laodizea und Hierapolis. Nur noch Andronikus und Junias (vgl. Röm 16,7) werden wie er von Paulus als Mitgefangene bezeichnet.

Ob Epaphras dadurch als tatsächlich um Christi willen Inhaftierter charakterisiert werden soll oder lediglich als ein treuer Gefährte des Apostels, der »in die Konflikte, die zur Gefangensetzung des Apostels geführt haben, verwickelt gewesen« ist (a.a.O., S. 92) und der deshalb lobend mit diesem Titel ausgezeichnet wird, ist schwerlich zu entscheiden.

Die folgenden Personen: Markus, Aristarch, Demas und Lukas stellt Paulus insgesamt als seine »Mitarbeiter« vor. Sie finden sich mit Epaphras zusammen auch in der Grußliste des Kolosserbriefes, allerdings in anderer Reihenfolge. Sie alle haben sich im Dienste des Evangeliums und als Begleiter des Apostels bewährt. So viele Grüße, von ausgezeichneten Mitarbeitern des Paulus an Philemon gerichtet, unterstützen dessen Bitte nochmals ganz besonders.

Der den Brief beschließende Segensgruß aber gilt wieder der Hausgemeinde als ganzer. Dies verweist darauf, daß der Brief zum Vorlesen in der gemeindlichen Versammlung bestimmt war. Vor allem aber wird so nochmals daran erinnert: Was hier verhandelt wurde, das betrifft nicht nur Philemon, sondern die ganze Gemeinde. Es liegt auch an ihnen, wie der Heimkehrende aufgenommen werden wird. Segnend spricht ihnen allen der Apostel die Gnade des Herrn Jesus Christus zu, die sie in ihrem ganzen Sein umfassen soll. »Nur im Bereich dieser Gnade kann so gelebt werden, wie es der Brief Philemon nahezulegen sucht« (*A. Suhl* 38).

DRITTER TEIL

Anhang

1. Literatur

Philipperbrief

Barth, G., Der Brief an die Philipper, ZBK NT 9, Zürich 1979.

Collange, J.-F., L'Épitre de Saint Paul aux Philippiens, CNT(N) Xa, Neuchâtel 1973.

Dibelius, M., An die Thessalonicher I/II, an die Philipper, HNT 11, Tübingen [3]1937.

Egger, W., Galaterbrief, Philipperbrief, Philemonbrief, Die Neue Echter Bibel. Neues Testament, Würzburg 1985.

Ernst, J., Die Briefe an die Philipper, an Philemon, an die Kolosser, an die Epheser, RNT, Regensburg 1974.

Friedrich, G., Der Brief an die Philipper, NTD 8, Göttingen [14]1976, S. 125–175.

Gnilka, J., Der Philipperbrief, HThK X,3, Freiburg – Basel – Wien 1968.

Lohmeyer, E., Die Briefe an die Philipper, an die Kolosser und an Philemon, KEK, Göttingen [13]1964.

Schlier, H., Der Philipperbrief, Kriterien 54, Einsiedeln 1980.

Philemonbrief

Dibelius, M./Greeven, H., An die Kolosser, Epheser, an Philemon, HNT 12, Tübingen [3]1953.

Egger, W., Galaterbrief, Philipperbrief, Philemonbrief, Die Neue Echter Bibel. Neues Testament, Würzburg 1985.

Ernst, J., Die Briefe an die Philipper, an Philemon, an die Kolosser, an die Epheser, RNT, Regensburg 1974.

Friedrich, G., Der Brief an Philemon, NTD 8, Göttingen [14]1976, S. 277–286.
Gnilka, J., Der Philemonbrief, HThK X,4, Freiburg – Basel – Wien 1982.
Lohmeyer, E., Die Briefe an die Philipper, an die Kolosser und an Philemon, KEK, Göttingen [13]1964.
Lohse, E., Die Briefe an die Kolosser und an Philemon, KEK, Göttingen [14]1968.
Reuss, J., Die Paulusbriefe, Echter Bibel. Das Neue Testament 2, Würzburg [2]1968.
Stöger, A., Der Brief an Philemon, Geistliche Schriftlesung 12/2, Düsseldorf 1965.
Stuhlmacher, P., Der Brief an Philemon, EKK, Zürich – Einsiedeln – Köln – Neukirchen-Vluyn 1975.
Suhl, A., Der Brief an Philemon, ZBK NT 13, Zürich 1981.

2. Bibelarbeit – Fragen

(von Paul-Gerhard Müller)

Zum Philipperbrief

1. Paulus berichtet im Phil Einzelheiten über seine persönliche Situation. Stellen Sie diese Notizen zusammen! (1,12ff.; 1,15ff.; 1,21f.; 2,19–24; 2,25–30).

2. Der Philipperbrief läßt Einblick in die schwierige Lage der Gemeinde zu, die von inneren Auseinandersetzungen geprägt ist. Welche Rolle spielen die Widersacher 1,27–30? Was hindert die Einmütigkeit nach 2,1–4 und 4,2f.? Gegen wen richtet sich die Polemik »Hunde, schlimme Arbeiter, Zerschneidung« in 3,2ff.? Wie charakterisiert Paulus die Irrlehrer, die eingedrungen sind, und wie argumentiert er gegen sie?

3. Stellen Sie die wesentlichen Aussagen des alten Christushymnus Phil 2,6–11 zusammen!
Vergleichen Sie seine christologischen Aussagen mit 1 Kor 15,28 und anderen paulinischen Auffassungen!

4. Paulus dankt für die Fürsorge der Philipper in seiner Notlage. Wie beurteilt er die Gabe an ihn nach 4,10–14? Wie steht er grundsätzlich zur Unterstützung kirchlicher Dienste durch die Gemeinden (4,15; 1 Kor 9)?

5. Vergleichen Sie die endzeitliche Hoffnung des Paulus in Phil 1,21–24; 3,20f. mit 1 Thess 4,13–17 und 1 Kor 15,23! Läßt sich eine Entwicklung im eschatologischen Denken des Paulus feststellen?

Zum Philemonbrief

1. Aus welchem konkreten Anlaß wurde der Phlm verfaßt, und warum kann er als »Geleitbrief« eingestuft werden?

2. Manche Ausleger sehen im Philemonbrief nicht so sehr einen Privatbrief, als vielmehr eine Art »apostolisches Schreiben« an eine ganze Hausgemeinde, von der Paulus religiösen Gehorsam erwartet. Nehmen Sie dazu Stellung!

3. Beurteilen Sie das Verhältnis zwischen frühchristlichen Hausgemeinden und deren Möglichkeiten mit den etablierten Pfarrgemeinden unserer heutigen Volksgroßkirche und leiten Sie daraus Hinweise für notwendige Entwicklungen heute ab!

4. Die Einrichtung des Sklaven-Standes in der Antike wird heute sozialgeschichtlich differenzierter gesehen und teils positiv gewertet. Informieren Sie sich über die Stellung der Kirchen zur Sklaverei und leiten Sie entsprechende soziale und politische Aufgaben der Kirche heute daraus ab!

5. Vergleichen Sie den Empfehlungsbrief von Plinius für einen freigelassenen Sklaven (vgl. S. 90) mit den Motiven und Argumenten des Paulus im Philemonbrief!

Zum Verfasser

Bernhard Mayer, geb. 1939 in Lenting (Bayern), 1959–1965 Studium der Philosophie und Theologie an der Philosophisch-Theologischen Hochschule Eichstätt, 1965 Priesterweihe, anschließend Seelsorgstätigkeit, 1966 Studium an der Universität Würzburg, 1972 Promotion zum Dr. theol. in Würzburg, 1973 Professor für Neutestamentliche Wissenschaft an der Katholischen Universität Eichstätt.

Stuttgarter Kleiner Kommentar – Neues Testament in 21 Bänden

Hier finden Sie alle Bände auf einen Blick:

Band 1
Meinrad Limbeck
Matthäus-Evangelium

Band 2
Meinrad Limbeck
Markus-Evangelium

Band 3
Paul-Gerhard Müller
Lukas-Evangelium

Band 4
Felix Porsch
Johannes-Evangelium

Band 5
Klaus Kliesch
Apostelgeschichte

Band 6
Michael Theobald
Römerbrief

Band 7
Franz Josef Ortkemper
1. Korintherbrief

Band 8
Jacob Kremer
2. Korintherbrief

Band 9
Walter Radl
Galaterbrief

Band 10
Rudolf Hoppe
Epheserbrief/ Kolosserbrief

Band 11
Bernhard Mayer
Philipperbrief/ Philemonbrief

Band 12
Otto Knoch
1. und 2. Thessalonicherbrief

Band 13
Udo Borse
1. und 2. Timotheusbrief/Titusbrief

Band 14
Franz Laub
Hebräerbrief

Band 15
Rudolf Hoppe
Jakobusbrief

Band 16
Paula-Angelika Seethaler
1. und 2. Petrusbrief/ Judasbrief

Band 17
Wolfgang Baur
1., 2. und 3. Johannesbrief

Band 18
Heinz Giesen
Johannes-Apokalypse

Band 19
Paula-Angelika Seethaler
Register

Band 20
Paul-Gerhard Müller
Einführung in das NT

Band 21
Dieter Zeller
Kommentar zur Logienquelle